Debi Stack

# Der Martha-Faktor

### Der fröhliche Abschied vom Zwang
### vollkommen zu sein

Die amerikanische Originalausgabe erschien
unter dem Titel MARTHA TO THE MAX
bei Moody Press, Chicago
© 2000 by Debi Stack

Deutsch von Christian Rendel


*Die Bibelzitate wurden folgenden Übersetzungen entnommen:*
Gute Nachricht Bibel, revidierte Fassung, durchgesehene Ausgabe in neuer
Rechtschreibung, © 2000 Deutsche Bibelgesellschaft, Stuttgart. (GNB)
Lutherbibel, revidierter Text 1984, durchgesehene Ausgabe in neuer
Rechtschreibung, © 1999 Deutsche Bibelgesellschaft, Stuttgart. (Lb)
»Hoffnung für alle« (Brunnen Verlag Basel und Gießen). Copyright
© 1983, 1996 by International Bible Society. (Hfa)


## RB*taschenbuch Bd. 629*

1. Taschenbuchauflage 2003
© 2001 der deutschen Ausgabe:
R. Brockhaus Verlag Wuppertal
Umschlag: Dietmar Reichert, Dormagen
Gesamtherstellung: Breklumer Druckerei Manfred Siegel KG
ISBN 3-417-20629-4
Bestell-Nr. 220 629

# INHALT

Für meinen Mann, der mir der liebste Mensch ist.

Ohne dich wäre keiner meiner Schriftstellerträume Wirklichkeit geworden.

Ohne dich wäre im letzten Jahr auch sämtliche Wäsche liegen geblieben.

Mein kleines Herz vollführt immer noch einen Stepptanz, wenn du das Zimmer betrittst.

# Vorwort

Ich begann das Manuskript zu *Der Martha-Faktor* zu lesen, kurz nachdem ich es an der Hotelrezeption in Empfang genommen hatte. Ich las es, während ich am Flughafen in der Check-in-Schlange stand und mit dem Shuttle-Bus zu meiner Maschine fuhr. Zweifellos haben sich die Leute den Kopf zerbrochen, was dieses umschlaglose blaue Buch wohl enthielt, so dass ich immerzu grinsen musste.

Debi Stack versteht nicht nur das Leiden am Perfektionismus, von dem die »Marthas« dieser Welt betroffen sind, sondern sie hat auch das Wesentliche der Heilung erfasst. In meinen »Zähmt-den-Papiertiger«-Seminaren habe ich immer zuverlässig die Lacher auf meiner Seite, wenn ich etwas zitiere, das ich vor Jahren einmal gelesen habe: »Ein Perfektionist ist jemand, der sich und allen anderen große Mühe gibt.«

Das Papier stapelt sich in unserem Leben, weil wir so gute Absichten haben. Wir heben jeden Katalog auf, um ganz sicher zu gehen, dass wir das perfekte Geschenk zum bestmöglichen Preis bekommen; wir abonnieren mehr Zeitschriften, als wir in unserem ganzen Leben lesen könnten, denn schließlich müssen wir ja Bescheid wissen; und wir quälen uns damit, was wir mit all den Kunstwerken unserer Kinder anfangen sollen, aus lauter Angst, ihnen dauerhaften Schaden zuzufügen, wenn sie sie im Mülleimer sehen! In Wirklichkeit bringen wir ihnen eine Lektion bei, die auch viele Eltern dringend lernen müssten: Das Leben ist eine Kette von Entscheidungen, und die Qualität unseres Lebens hängt von unserer Fähigkeit ab, manche sehr guten Dinge loszulassen, um uns ganz dem Besten widmen zu können. Papierstapel treiben uns zum Perfektionismus, denn sie beinhalten unsere Hoffnungen, Träume und Absichten – und wenn diese Papiere uns daran erinnern, wie wir immer wieder an unseren eigenen, oft unrealistischen Erwartungen scheitern, dann fühlen und handeln wir wie Martha!

Das Frustrierendste an der Arbeit in der Selbstmanagement-Beratungsbranche ist, dass wir oft mit Perfektionisten verwechselt werden. Manche Kunden befürchten, wir wollten sie in eine »Martha« verwandeln – während wir ihnen in Wirklichkeit helfen wollen, Organisationstechniken anzuwenden, um mehr wie ihre Schwester Maria zu werden!

Wenn Sie in Ihren eigenen guten Absichten untergehen, dann lesen Sie *Der Martha-Faktor* bis zum Ende. Dann werden Sie nicht nur verstehen, woran es liegt, sondern Sie werden die ersten Schritte zu dem inneren Frieden gehen, den wir alle suchen.

BARBARA HEMPHILL

# Danksagungen

Unter meinem Namen auf dem Buchumschlag müsste eigentlich »und Tausende andere« stehen! Die meisten davon, wie etwa den geduldigen Studentenjobber im Copy-Shop und den Mitarbeiter an der Microsoft-Hotline um drei Uhr morgens, müssen wir im Schnelldurchlauf passieren, um zu den konkreten Namen derer zu kommen, denen ich meinen Dank schulde.

Miss Steed und Mrs Stafford, meine Lehrerin und meine Bibliothekarin an der Grundschule, sagten mir, ich hätte eine Begabung zum Schreiben, und lachten niemals über die Geschichten und Gedichte, die ich schrieb (zumindest nicht in meiner Gegenwart).

Der Verlag Moody Press nahm das Risiko auf sich, mit mir zu arbeiten. Ein großartiges Team! Besonderer Dank gilt, in der Reihenfolge ihres Auftretens, Julie-Allyson Ieron, jetzt bei Joy Media, Inc.; Kelly Cluff; Jim Bell; Cheryl Dunlop; Linda Haskins; Anne Scherich; Dave DeWit; Carolyn McDaniel und Ragont Designs.

Die Mitglieder des Kansas City Christian Writers' Network wissen, was es *wirklich* heißt zu schreiben. Betrachtet euch alle zweihundert als herzlich umarmt!

Ein paar Namen verdienen besondere Erwähnung: Charlotte Adelsperger, Mark Failing, Shawnee Fleenor, Cheryl Gochnauer (von der ich bei der Geburt getrennt wurde), Karen Heyse, Jeanette Littleton, Ellen Nelson, Dorothy Mock, Nancy Moser, Rhonda Stock, Sally Stuart, R. J. Thesman und Teresa Vining. Ohne euch wäre manches viel schwerer gewesen.

Ein Riesendank an Mat Casner von Redlogic Communications für die grandiose Gestaltung meiner Website: maxedout.net

Dank an meine Freunde bei NHM, MOPS, LSCC und an alle 1.300, die ihr meinen Gebetsrundbrief bekommt.

Und an die Leute, die mich vor fast zwanzig Jahren zum ersten Mal auf den Gedanken brachten, dass es vielleicht, möglicherweise sein könnte, dass Menschen wichtiger sind als Projekte.

An Roxie Ann Wessels für ihre Bestätigung.

An Charlene Osborne, meine VP für A (Vize-Präsidentin für alles), die in jedem Sinn des Wortes in mich investiert hat. Viva la Tippins!

An Mom und Dad: Danke, dass ihr mich immer geliebt, zu allem, was ich tat, applaudiert und unser Zuhause mit fröhlichem Gelächter und guten Büchern gefüllt habt. Danke für mein neues Büro. Danke, dass ihr mir mit den Kindern geholfen habt, während ich an dem Buch schrieb. Ich liebe euch.

Mom Stack, du bist die beste Schwiegermutter der Welt. Danke für die Unterstützung meiner Schreiberei, für die Büromaterialien, die du mir zu Weihnachten schenkst (einschließlich meines ersten Computers – hurra!) und dafür, dass du mich liebst wie deine eigene Tochter. Ich liebe dich.

Elizabeth, du bist eine Prinzessin! Ich könnte mit dir um die ganze Welt reisen. Deine Hilfe und dein Verständnis während dieses Projektes waren mir immer eine Inspiration. Ich liebe dich.

Andrew, du bist ein Prinz! Danke, das du mich regelmäßig in meinem Büro besucht, dir deine Kuscheleinheiten abgeholt und deine Smarties mit mir geteilt hast. Ich liebe dich.

Und vor allen Dingen danke ich dir, Gott, dass du mich gebrauchst, obwohl ich bin, wie ich bin. Ich liebe dich.

# Kapitel 1

# Ich versank
# gar tief
# in Sünde

Jedes Bürogebäude hat sein Bermuda-Dreieck – einen Schrank oder einen Lagerraum, aus dem ahnungslose Angestellte nie wieder zurückkehren.

Für mich war das ein Lagerraum in dem christlichen Werk, in dem ich in den achtziger Jahren arbeitete. Ein riesiger, unbezähmbarer Dschungel aus windschiefen Regalen, verdrehten Jalousien, verschimmelten Kartons und Unmengen wertloser Akten. Staub bedeckte die neuen Vorräte, die die alten Vorräte bedeckten, die den gekachelten Boden von einer Wand bis zur anderen bedeckten.

Teresa, meine Kollegin und beste Freundin, selbst ein unverbesserlicher Workaholic, ergriff die Initiative. Wir gingen den Hauptflur der Geschäftsstelle hinab bis zum letzten Zimmer auf der linken Seite. (Gab es da nicht einen Horrorfilm über genau solch einen Ort?) Sie schaltete das Licht ein. Immerhin eine der vier Leuchtstoffröhren an der Decke fing an zu flackern und zu brummen, als wollte sie sagen: »Lange halte ich nicht mehr durch!« Teresa musterte den Lagerraum mit verachtungsvollem Blick und wandte sich dann an mich.

»Dieser Lagerraum ist eine Schande!«

»Ein Dreckloch.«

»Niemand kümmert sich um diesen Raum. Jeder stopft nur immer mehr Zeug hier herein, das eigentlich in den Müll gehört.«

»Ekelhaft.«

»Niemand findet etwas, wenn es gebraucht wird, also wird ständig neues Zeug bestellt. Und die wenigen wichtigen Akten, die das Werk braucht, sind nicht zu finden, weil so viel Müll auf ihnen aufgeschichtet ist. Dieser Raum« (es hörte sich an wie »dieser Hund!«, hervorgestoßen vom Besitzer eines noch nicht stubenreinen jungen Hundes) »ist eine Belastung und ein Ärgernis für alle.«

Mein Gesicht hellte sich auf, als mir ein neuer Gedanke kam. »Und er stellt eine Brandgefahr dar!«

Auch Teresa strahlte. »Du hast Recht. Es liegt an *uns*, etwas dagegen zu unternehmen.«

Dazu musste sie mich kein zweites Mal auffordern. Seit ich zum ersten Mal die Tür zu diesem Raum geöffnet hatte, hatte ich mich mit jedem farbkodierten Gen in meinem Leib danach gesehnt, mich darin auszutoben.

So begannen wir eines Samstags um sieben Uhr früh mit der Reinigung des Tempels. Wir arbeiteten wie fiebernde Priester, die das innere Heiligtum von Unordnung und Schutt befreiten.

»Ist es denn zu fassen?«, fragte Teresa und hielt eine Bowlingkugel empor. »Wie kann jemand nur auf den Gedanken kommen, dass so etwas hierher gehört?«

»Keine Ahnung«, murmelte ich unter der nach unten gewölbten Platte eines Arbeitstisches, wo ich gerade fünf Kartons mit eingeschweißtem Briefpapier gefunden hatte – allesamt mit veralteter Adresse im Briefkopf. »Manche Leute haben keinen Begriff davon, was man behält und was man wegschmeißt.«

Als wir nachmittags gegen drei Mittagspause machten, legten wir nicht etwa die Füße hoch und entspannten uns. Während wir uns einen Joghurt und einen Müsliriegel hineinschoben, brüteten wir über Katalogen für Büroeinrichtungen. Die hochglänzenden Seiten voller Aktenschränke, Lagermagazine und Beschriftungsgeräte inspirierten uns, den muffigen Lagerraum in ein hell erleuchtetes Schaustück unseres Organisationstalents zu verwandeln.

Das Projekt nahm uns mehr als nur einen Samstag lang in Anspruch.

Mit dem Entsorgen der schwarzen Müllsäcke voller Abfall warteten wir bis zur Dunkelheit, damit uns nicht irgendein aufmerksamer Kollege mit Neigung zum Hamstern in die Quere kam. Warum hatte jemand 582 übrig gebliebene Broschüren von einer 1973er Spendenaktion aufbewahrt? Wir hefteten zehn davon in einem beschrifteten Ordner ab, der wiederum in die neue Schachtel mit dem Archiv für die Jahre 1970 bis 1975 wanderte. Warum hatte jemand einen Bürostuhl mit drei Rollen und ohne Rückenlehne aufbewahrt? Wir bestellten einen neuen, der dem neuesten Stand der Ergonomie entsprach, sogar versandkostenfrei.

Endlich kam der Tag, an dem wir unser Wunderwerk vor den anderen Mitarbeitern enthüllten. Ihre vor Staunen über die Verwandlung weit aufgerissenen Augen belohnten uns für unsere Mühen. Überall klebten säuberlich beschriftete Etiketten, die das Offensichtliche noch offensichtlicher machten. Unsere Führung durch den neuen Lagerraum fiel im Tonfall etwas herablassend aus.

»Seht ihr diese Dose mit der Aufschrift ›Kugelschreiber‹? Alle Kugelschreiber sind in dieser Dose.«

Die ganze Herrlichkeit hielt ungefähr eine Woche an. Spätestens dann schäumten Teresa und ich vor Wut darüber, wie schändlich man mit den Früchten unserer Arbeit umging.

»Warum können die nicht die Sachen wieder dahin zurücklegen, wo sie hingehören?«

»Die sehen einfach nicht das Offensichtliche.«

»Hier passiert gar nichts, wenn wir es nicht selbst in die Hand nehmen.«

»Denen ist das einfach egal.«

»Warum machen wir uns überhaupt die Mühe, hier Ordnung zu schaffen?«

Und schon hatten wir einen schweren »Wir-gegen-die«-Komplex entwickelt, der nicht auf Hautfarbe, Geschlecht, Rasse oder Religion beruhte, sondern auf dem Persönlichkeitstyp: A gegen B.

# Typologisches

In den achtziger Jahren konnte man kaum eine Zeitschrift in die Hand nehmen, einen Radiosender einschalten, eine Talkshow ansehen oder eine Bestsellerliste lesen, ohne auf eine Erwähnung des Persönlichkeitstyps A zu stoßen. Wenn es heute um denselben Persönlichkeitstyp geht, hört man Schlagworte wie *getrieben*, *Perfektionist*, *Workaholic*, *Leistungsfanatiker*, *unermüdlicher Einsatz*, *Superweib*, *Machtmensch* oder *obsessiv-zwanghaft*. (Da Marthas immer gerne Zeit sparen, lassen Sie uns das Letztere kurz »O-Z« nennen.) Die meisten dieser Ausdrücke erklären sich von selbst, aber O-Z dürfte Ihnen neu sein. Hier ist eine kurze Definition.

> Menschen mit dieser speziellen Mischung von Persönlichkeitszügen sind meist gewissenhaft, aufopferungsvoll, gut organisiert, perfektionistisch und hingebungsvoll.[1]

Ooh! Das geht runter wie Öl! Kein Wunder, dass Teresa und ich auf der Stelle der Vereinigung der O-Z-Typ-A-Marthas beitraten. Das waren Qualitäten, die wir nicht nur bewunderten, sondern für die wir mit unserem Lagerraum-Projekt auch ein schönes Beispiel gegeben hatten.

Da wir gewissenhaft und urteilsfähig waren (oder zwanghaft und verurteilend, je nach Blickwinkel), sahen Teresa und ich alles als entweder perfekt oder bodenlos schlecht, als richtig oder falsch. Das machte alle anderen zu Typ-B-Persönlichkeiten, und damit (erraten!) lagen natürlich alle anderen *falsch*. So einfach war das. Hätten wir die Definition noch weiter gelesen, so wären wir vielleicht nicht mehr so stolz auf uns gewesen, denn sie nennt den Perfektionismus eine »Schwierigkeit« und sagt, dass Typ-A-Leute eher zum Burnout, zu Depressionen und anderen weniger erfreulichen Dingen neigen. Und dabei dachten Teresa und ich, der Perfektionismus sei ein begehrenswerter Persönlichkeitszug, der nur ein paar glücklichen Auserwählten beschieden sei. Hätte es in unserer Macht gelegen, so hätten wir den meisten anderen Leuten, die wir kannten, eine Dosis davon injiziert. Während sich also die Begriffe je nach dem Trend der Zeit verändern, ist das Verhaltensmuster – und die Probleme, die es mit sich bringt – so zeitlos wie eh und je.

## Und nun zurück zu unserem Programm

Natürlich waren Teresa und ich allen anderen überlegen. Als klassische Perfektionisten fanden wir immer Wege, um Dinge zu verbessern. Wir planten voraus. Wir stellten Listen auf. Wir entwarfen Tabellen. Wir arbeiteten die Mittagspause durch. Wir machten unbezahlte Überstunden. Voller Stolz machte jede von uns die Arbeit von zwei oder drei Leuten. Und die B-Typen, von denen wir umgeben waren, betrachteten wir als das Kreuz, das wir auf Erden zu tragen hatten.

Die B-Typen hatten keinen Dunst von Zeiteinteilung. Organisation war für sie nicht eine Tätigkeit, sondern etwas, dem man beitreten konnte, um eine schicke Mitgliedsnadel und freie Getränke zu bekommen. Eine Deadline war für sie ein Terminvorschlag, bis zu dem man ein Projekt begonnen, nicht beendet haben sollte. Und während der Mittagspause saßen sie einfach herum und plauderten. Jeden Nachmittag ließen sie pünktlich um fünf Uhr den Griffel fallen. Sie machten uns *wahnsinnig*.

Andächtig trösteten Teresa und ich uns gegenseitig damit, dass es im Himmel keine »Typen« mehr geben würde, weil wir dort alle gleich sein würden. Doch dann stellte sie die Frage, mit der die Veränderung in meinem Leben begann: »Werden die sein wie wir, oder werden wir sein wie die?«

Moment mal! Ich? Ich sollte so tief sinken wie die da? Das wäre ja, als ob mir die Flügel gestutzt würden; als ob ich auf einen fremden Planeten verbannt würde; als ob ich eine Schriftstellerin wäre, der keine Vergleiche mehr einfallen.

Dann kam mir ein Vers in den Sinn, in dem davon die Rede ist, was passiert, wenn wir in den Himmel kommen: Wir werden sein wie er.[2] Das hörte sich so an, als ob alle Gläubigen sein würden wie Christus. Aber mein ewig wertender Verstand wollte wissen, wer sich am meisten verändern musste, um wie Christus zu werden – die A-Typen oder die B-Typen? Wenn der Himmel vollkommen ist und wenn Christus vollkommen ist, dann mussten doch sicher die perfektionistischen A-Typen sich im Vergleich zu den nachlässigen B-Typen kaum verbessern.

Dann kam mir ein anderer Vers in den Sinn: Hochmut kommt vor dem Fall.[3]

## Kehrt marsch!

Dieses Szenario perfektionistischen Verhaltens spielte sich in den frühen achtziger Jahren ab, und ich weiß immer noch nicht genau, ob ich darauf stolz sein oder mich dafür schämen soll. Sicher, ich brachte viel zustande, und die Leute lobten mich für meine hervorragende Arbeitsmoral. Doch dieser kurzlebige Glanz war nur eine dünne Schicht über einem ständigen Gefühl der Ausweglosigkeit. Vor mir sah ich endlose Projekte, die erledigt werden mussten. Hinter mir sah ich endlose Projekte, die überarbeitet werden mussten. Und ich steckte mitten dazwischen und drehte an der Kurbel, so schnell ich konnte, ohne je innezuhalten und nach dem Warum zu fragen.

Ist es Ihnen auch schon einmal so gegangen? Empfinden Sie gerade jetzt so? Wenn ja, dann haben Sie wahrscheinlich genau wie ich damals Angst, dass das Leben *immer* so laufen wird. Wenn Jesus von einer leichten Last und einem sanften Joch spricht, hört sich das wunderbar an – und komplett unrealistisch. Wie sollen wir uns denn ausruhen, wenn doch so viel zu tun ist? Und warum in aller Welt merken denn die B-Typen um uns her nichts von der Dringlichkeit, ein Projekt nach dem anderen zu bewältigen?

Wir sind nicht die ersten Frauen, die diese Frage stellen. In Bethanien in Palästina lebte im ersten Jahrhundert eine Typ-A-Workaholic-Frau wie aus dem Bilderbuch. Diese tatkräftige Schwester

16

von Maria und Lazarus öffnete ihr Haus für Jesus, wann immer er in die Nähe Jerusalems kam. Aus Frust darüber, dass (wieder mal) die ganze Arbeit als Gastgeberin an ihr hängen blieb, fragte Martha Jesus, warum er ihrer verträumt an seinen Lippen hängenden Schwester Maria nicht mal ein bisschen Feuer unter dem Hintern machte, damit sie etwas mithalf. Seine Antwort darauf hat jahrelang an mir genagt:

>»Martha, Martha, du machst dir viel Sorgen und mühst dich um Dinge, die im Grunde nicht so wichtig sind. Wichtig ist nur eins! Das hat Maria verstanden, und davon werde ich sie nicht abbringen.«[4]

Was ist denn so falsch daran, dass Martha eine gute Gastgeberin sein möchte? Ich kann vollkommen verstehen, dass sie ihre Umgebung in Ordnung, ihr Zuhause makellos und ihre Arbeit fehlerlos erledigt haben möchte.

Aber derartig hohe Erwartungen, so habe ich inzwischen gelernt, erzeugen oft einen Zyklus aus Zorn, hektischer Arbeit und Depression. Warum bemerken denn die Leute um mich her nicht all die Dinge, die offensichtlich getan werden müssen? Warum wissen sie meine aufopferungsvollen Bemühungen, den Zustand zu verbessern, nicht zu schätzen? Warum kann ich keine Perfektion erzielen, geschweige denn beibehalten, so sehr ich mich auch anstrenge?

Wenn Sie sich genau diese Fragen schon selbst gestellt haben, dann betrachten Sie dieses Buch bitte als einen persönlichen Brief an Sie, geschrieben mit herzlicher Zuneigung und hart erkämpfter Einsicht von mir und anderen gläubigen Frauen, die in ihrem Leben den Kampf ausfechten, von Natur aus wie Martha zu sein und sich bewusst dafür zu entscheiden, wie Maria zu sein.

Wie Martha stehe ich in der Versuchung, mein eigenes persönliches Reich zur Vollkommenheit zu führen, statt nach dem Reich Gottes zu trachten. Wie Martha neige ich dazu, das Leben als eine Reihe von Projekten zu betrachten, nicht als einen Weg, um Christus besser kennen zu lernen und ihm zu dienen.

Und doch hat Gott es so gewollt, dass diese perfektionistischen Martha-Qualitäten in mir stecken.

Eric Liddell, der Olympialäufer aus den zwanziger Jahren, der in dem preisgekrönten Film *Die Stunde des Siegers* porträtiert wird, sagte: »Der Herr hat mich schnell gemacht, und wenn ich laufe, dann spüre ich seine Freude.« Heutige Marthas stehen vor der Herausforderung, ihre Fähigkeiten so zu betrachten und zu gebrauchen, dass sie ein Lächeln auf das Gesicht Gottes bringen.

## Profi-Sorgenmacher

Es gibt in jeder Familie einen.

Das ist die Person, die sich schon weit im Voraus das Hirn über unvorhersehbare Einzelheiten jedes Reiseplans zermartert – seien es die Benzinpreise, der Verkehr oder das Wetter. »Tut mir Leid, Kinder, aber aus unserem Ausflug zum Yosemite-Naturpark wird nichts. Eine Wolke steht am Himmel irgendwo über Nebraska. Das Risiko lohnt sich einfach nicht.«

Wenn Sie sich auf den Weg machen, Ihren perfektionistischen Lebensstil hinter sich zu lassen und in unbekanntes Gelände zu ziehen, dann wird das vielleicht auch Ihnen einiges Kopfzerbrechen bereiten. Doch auch, wenn es sich vielleicht sicherer *anfühlt*, zu Hause auf vertrautem Boden zu bleiben, werden Sie alle möglichen herrlichen Dinge verpassen, wenn Sie das tun. Atemberaubende Aussichten. Überwältigende Naturwunder. Einen Zahnstocherbehälter mit der Aufschrift »DELBERT'S TRUCK STOP«.

Packen Sie die Rennies ein, und stellen Sie sich auf jede Menge Umleitungen und Staus ein. Warum? Weil der Weg zu dem »einzig Wichtigen«, von dem Jesus sprach, alles andere als eine schnurgerade, vierspurige Autobahn ist, sondern ein holperiger Serpentinenpfad mit lauter Baustellen. Ich habe lange und intensiv nach einer Abkürzung zu dem »einzig Wichtigen« gesucht, aber ich habe keine gefunden.

Dagegen habe ich unterwegs einiges über mich selbst, meine Wahrnehmungen, meine Beziehungen und meine Gesundheit herausgefunden, das ich Ihnen gerne mitteilen möchte. Dazu gehört:

- Die Einsicht, wie wir dazu kommen, so perfektionistisch zu sein.
- Die Ähnlichkeiten zwischen Martha von Bethanien und uns.
- Die überraschende Quelle des Perfektionismus.
- Ein vorhersehbares Muster für Überarbeitung und Burnout (und wie man ihm entkommt!).
- Wie Sie sich entspannen können, auch wenn Sie nicht in Stimmung dazu sind und keine Zeit haben.
- Freiheit vom perfektionistischen Lebensstil.
- Und noch mehr!

Also lesen Sie weiter. Schauen Sie mir zu, wie ich durch die Schlaglöcher holpere, meine Ausfahrt verpasse und wie mir das Benzin ausgeht. Am Ende finde ich das, wovon ich glaube, dass es das »einzig Wichtige« ist, von dem Jesus gesprochen hat. Wenn Sie es auch finden, glaube ich, werden Sie mir zustimmen, dass all die Umwege und Staus es mehr als wert sind.

# Kapitel 2

# Test, Test ...
# Wie hoch ist
# Ihr Martha-Faktor?

Einen Moment noch.

Wenn Sie zu dem Typ von Leuten gehören, die meinen, es gäbe keine Typen von Leuten, dann waren Sie wahrscheinlich als Kind nie im Ferienlager.

In so einem Lager, wo die Teilnehmer eigentlich eine große, friedliche Familie sein sollen, bilden sich schon kurz nach der Ankunft verfeindete Horden. Kinder, die sich noch nie zuvor begegnet sind, spalten sich auf mysteriöse Weise nach Typen auf und rotten sich zusammen. Die aufsässigen Mädchen, die sich mit Zigaretten hinein- und mit Jungs hinausschleichen, finden irgendwie zueinander. Die cleveren Jungs, die mit gleicher Gelassenheit, wenn auch nicht immer mit gleicher Geschicklichkeit, mit Kompassen und Schlangen hantieren, finden auch zueinander. (»Sheldon! Schnell! Bevor du ohnmächtig wirst, wo ist Norden, und wie macht man einen Druckverband?«)

Selbst wenn sich die Kinder nicht von Natur aus gruppieren würden, dann würden es eben ihre Betreuer für sie tun. Stellen Sie sich vor, was auf einer Bibelfreizeit mit dem dreiundzwanzigsten Psalm als Thema passieren würde. Eine Leiterin bläst in die Trillerpfeife und gibt Anweisungen, welche Kinder in welchen Blockhäusern übernachten.

»Alle, die zum ersten Mal teilnehmen und bisher noch nicht einmal bei ihrer Oma übernachtet haben und sich jetzt alle Mühe geben, nicht zu weinen, stellt euch bitte hier auf und folgt eurer Betreuerin ins Haus ›Finsteres Tal‹.

Alle Bettnässer folgen ihrer Betreuerin ins Haus ›Du schenkst mir voll ein‹.

Teilnehmer, die entgegen der Lagerordnung verbotene Gegenstände wie Tabak und elektronische Geräte mitgebracht haben, schlafen zusammen mit mir, der Lagerleiterin, und meinem Pitbull im Haus ›Im Angesicht meiner Feinde‹.«

Was sagen Sie da? Sie waren nie auf so einem Ferienlager? Aber Sie haben doch bestimmt schon einmal Fernsehen geguckt.

Die Fernsehautoren verwenden seit langem Persönlichkeitskonflikte als Basis sowohl für Dramen als auch für Komödien.

Diesen Figuren dabei zuzusehen, wie sie miteinander umgehen (und manchmal auch in die Luft gehen), ist unterhaltsam. Denselben Persönlichkeitskonflikt im wirklichen Leben auszuspielen, macht dagegen erheblich weniger Spaß. Wenn Sie eine projektorientierte Typ-A-Martha sind, die schon einmal mit einer personenorientierten Typ-B-Maria aneinander geraten ist, dann wissen Sie genau, wovon ich rede. Es ist furchtbar. Es ist zum Auswachsen. Es ist, als wenn man auf Alufolie beißt. Aber es ist nicht unheilbar!

Auf unserem Weg durch dieses Buch werden wir lernen, diese stressige »Wir-gegen-die«-Haltung zu minimieren.

Im Moment jedoch habe ich, nachdem ich durch mühselige, gründliche Recherchen nachgewiesen habe, dass es in der Tat deutlich unterscheidbare Typen von Menschen in der Welt gibt, eine kleine Pause verdient. Die einzige Frage, die noch bleibt, ist: Soll ich mir *Magnum* oder *Bezaubernde Jeannie* ansehen?[*]

---

[*] Sie werden in diesem Buch durchweg bemerken, dass die Fernsehserien, auf die ich mich beziehe, ausnahmslos aus den Sechzigern und Siebzigern stammen. Das liegt daran, dass ich die Summe meiner Zuschauererfahrungen bin, die ich nun einmal größtenteils in dieser Zeit gemacht habe. Außerdem sind die Serien heutzutage alle voll von hippen Singles, die voller Lebensangst stecken, ständig am Flirten sind und Tofu in sich hineinstopfen. Damit kann ich einfach nichts anfangen.

# Ich kann 75 Leute pro Minute nach Typen sortieren

Brummig wie ein Bär. Sanft wie eine Maus. Stark wie ein Ochse. Kalt wie ein Fisch.

Unzugänglich. Emotional. Workaholic. Tagedieb.

Introvertiert. Extrovertiert.

Typ A. Typ B.

Wir ewig wertenden Marthas schätzen dauernd andere ab und heften ihnen Etiketten an, schneller, als Sie »selbstgerecht« sagen können. Ich habe mir dabei gleichzeitig immer etwas darauf eingebildet, dass ich nicht so sei wie all die *anderen* Christen, die Persönlichkeitstypen als eine Art geheiligtes Horoskop benutzen, um Leute in Schubladen zu stecken, die Zukunft vorherzusagen und Urteile zu fällen.

»Ihm fehlt offensichtlich die Motivation.«

»Die Ehe zwischen den beiden wird nicht lange halten. Jeder weiß, dass sie vom Temperament her nicht zusammenpassen.«

»Sie isst zu viel, weil sie introvertiert ist.«

»A-Typen sind besser als B-Typen, weil sie ihre Aufgaben erledigen, und zwar gleich beim ersten Mal richtig.« (Na ja, das stimmt zumindest, oder?)

Wenn Sie bis hierher gelesen haben, dann wissen Sie inzwischen, dass ich mich als einen Typ A, eine Martha, betrachte. Wahrscheinlich schätzen Sie sich selbst auch als Martha ein. Es gibt buchstäblich Hunderte von Persönlichkeits- und Temperament-Tests auf dem Markt, und ich hätte einen davon auch in diesem Buch verwenden können, aber warum soll ich es mir so leicht machen? Getreu meiner Martha-Natur, alles selbst zu machen, habe ich meinen eigenen Test entworfen.

Bitte denken Sie daran, dass der nun folgende Test, wie überhaupt dieses ganze Buch, für christliche Frauen geschrieben ist, die mit ihrem Perfektionismus an ihre Grenzen stoßen und nicht mehr wissen, wann sie das letzte Mal ordentlich über sich selber gelacht haben. Dieses Buch ist nicht für Leser bestimmt, die so sehr unter Perfektionismus oder obsessiv-zwanghaftem Verhalten leiden, dass sie dauerhaft in ihrem Alltag nicht mehr zurechtkommen.[5] Wenn Sie diese Grenze bereits überschritten haben, lassen Sie sich bitte von einem qualifizierten Therapeuten helfen. Heute gibt es dazu sehr gute und reichliche Möglichkeiten! Und vergessen Sie nicht, dass die Liebe, Barmherzigkeit und heilende Gnade Gottes Ihnen in unbegrenzter Fülle zur Verfügung stehen.

## Dies ist nur ein Test

Bevor wir beginnen, lassen Sie uns auf drei Schulen des Typ-A-Denkens zu sprechen kommen, was das Ausfüllen von Tests in Büchern, Zeitschriften und anderen Druckwerken angeht.

Die *Leuchtfarben-Akademie*: Diese Schule ermutigt zum Gebrauch eines Vierfarb-Kulis oder einer Sammlung von Markierstiften, um die Seiten anzustreichen, bis sie aussehen wie eine graffiti-übersäte Lagerhauswand. Damit können Sie vor der nächsten Leserin, die vermutlich für jede Hilfestellung dankbar sein wird, damit prunken, wie meisterhaft Sie das Material beherrschen.

Das *Institut für unbefleckte Erhebungen*: Diese Schule belässt jede blütenweiße Seite unbefleckt von jeglicher Tinte. Eine gelegentliche, blasse Bleistiftmarkierung am Rand ist statthaft, muss jedoch hinterher vollständig ausradiert werden, damit die nächste Leserin Ihre Antworten nicht sieht (denn die sind möglicherweise nicht ganz perfekt, und das kann ja nicht angehen, nicht wahr?).

Die *Paranoia-Universität*: Die Anhänger dieser Schule schreiben die Antworten auf ein separates Blatt, das hinterher dem Aktenvernichter zugeführt wird, so dass die nächste Leserin keine Möglichkeit hat, Ihre Antworten abzuschreiben oder anderen zugänglich zu machen.

Nachdem Sie nun Ihr Werkzeug zur Hand haben, erkläre ich Ihnen, wie der Test auszufüllen ist.

Diese Analyse besteht aus einer langen Liste von Aussagen, die sich auf perfektionistisches O-Z-Typ-A-Martha-Verhalten beziehen. Auf jede Aussage können Sie auf zweierlei Weise antworten: *Richtig* oder *Falsch*.

*Beispiel:* Ich poliere im Zuge meines wöchentlichen Hausputzes alle Glühbirnen.

Vielleicht können Sie diese Frage ehrlich mit *Richtig* beantworten. Wahrscheinlicher jedoch ist, dass Sie denken: »Die Glühbirnen polieren? Poliert *die* denn *ihre* Glühbirnen? Wieso bin ich noch nicht auf diesen Gedanken gekommen? Wie kann ich auch nur noch einen Tag, auch nur noch eine Minute leben, wenn ich das Haus voller staubiger Glühbirnen habe, durchsetzt mit Krankheitserregern? Meine Kinder haben vermutlich Lungen wie Bergleute. Ich höre sofort auf zu lesen und poliere alle Glühbirnen im Haus, einschließlich der achtundzwanzig Lichterketten mit elektrischen Minikerzen, die in der Weihnachtskiste liegen.«

HALT! Das mit den Glühbirnen war nur ein Beispiel. Na schön, dann gebe ich Ihnen eben drei Antwortmöglichkeiten statt nur zwei: *Richtig*, *Falsch* und *Falsch, aber ich sollte, müsste, würde gern* Richtig *antworten können, und ich habe ein unheimlich schlechtes Gewissen, weil ich es nicht kann.*

Alles klar? Dann los!

1. Ich stelle gerne Listen auf.
2. Ich beantworte gerne Fragen auf einer Liste.
3. Ein perfekter Tag ist für mich einer, auf dem ich alles auf einer Liste erreicht habe.
4. Menschen sind das Haupthindernis zwischen mir und meiner Liste. (Erkennen Sie allmählich ein Muster?)
5. Manchmal schaue ich in der Auswertung von Fragebögen nach, um ein besseres Ergebnis zu erzielen. (Sie finden die Auswertung übrigens ab S. 27.)
6. Leuten beim Reden zuzuhören ist meistens eine langweilige Zeitverschwendung.
7. Die Rezeptkarten in meiner Küche sind alphabetisch geordnet in Klarsichthüllen abgeheftet.

8. Ich habe wenig Geduld mit Leuten, die sich langsam bewegen und langsam denken.

9. Kaum etwas rührt mich zu Tränen und ich halte Leute, die leicht weinen, für schwach.

10. Im Gegensatz zu den meisten Leuten um mich her kann ich mehrere Tätigkeiten gleichzeitig bewältigen.

11. Ordnung aus dem Chaos zu schaffen ist für mich eine der größten Freuden.

12. Die Kataloge und Zeitschriften in meinem Zeitschriftenordner sind chronologisch geordnet.

13. Leute, die statt Aktentaschen Bücherbeutel benutzen, sind minderwertig.

14. Die Gewürze in meiner Küche sind alphabetisch sortiert.

15. Ich lasse mich oft von der Hauptaufgabe, die ich vor mir habe, ablenken.

16. Meine Stille Zeit läuft nach einer bestimmten Routine ab (vorausgesetzt, ich komme dazu).

17. Organisatorische Fähigkeiten sind wichtiger als Beziehungsfähigkeiten.

18. Ich werde oft für meine organisatorischen Fähigkeiten gelobt.

19. Ich verstehe nicht, warum Leute verletzt sind, wenn ich einen nahe liegenden und praktischen Vorschlag mache, wie sie etwas in ihrem Leben verbessern können.

20. Es kommen selten Leute mit persönlichen Problemen zu mir. (Hmm ... steckt hier vielleicht auch ein Muster drin?)

21. Kranksein macht mich wütend, auch wenn es nur für einen Tag ist, denn es ist vergeudete Zeit.

22. Wenn ich alleine reise oder esse, habe ich immer etwas zum Lesen oder Arbeiten dabei.

23. Ich fühle mich schuldig, wenn ich lange schlafe (oder manchmal auch, wenn ich überhaupt schlafe).

24. Manchmal kann ich am besten sauber machen und organisieren, wenn ich wütend bin.

25. Zu Terminen erscheine ich vorzeitig oder genau pünktlich, und wenn ich mich verspäte, ist es niemals meine Schuld.

26. Aufbewahrungsbehälter und Regalsysteme gehören zu den Artikeln, die ich am häufigsten kaufe.

27. Leute, die sich zu viel entspannen, werden es eines Tages bereuen.

28. Ich kann für so ziemlich alles einen Weg finden, um es zu verbessern.

29. Meine Einkaufslisten sind nach dem Grundriss des Supermarkts geordnet.

30. Ich habe meine Finanzen gut im Griff und plane größere Ausgaben voraus.

31. Ich genieße Urlaubsreisen nicht sehr und bin froh, wenn sie vorüber sind.

32. Mein Büro oder Arbeitsbereich ist ordentlich und gut organisiert, aber mein Zuhause ist oft völlig chaotisch (oder umgekehrt).

33. Es gibt mir einen Kick, wenn auf meiner Gehaltsabrechnung Überstunden ausgewiesen sind.

34. Es fiele mir leichter, anderen zu vergeben, wenn sie nur aus ihren Fehlern lernen würden.

35. Wenn ich erklären muss, warum ein Arbeitsgruppenziel nicht erreicht wurde, stelle ich mich nicht vor die Person, deren Schuld es war (und die wahrscheinlich gar nicht erst in meiner Gruppe hätte sein sollen).

36. Ich habe immer die Zeit im Blick und schaue oft auf die Uhr und in meinen Tagesplaner.

37. Ich habe meine Beerdigung bereits geregelt.

38. Das Hochgefühl, das ich empfinde, wenn ich ein großes Projekt abgeschlossen habe, selbst wenn ich dafür die ganze Nacht durchgearbeitet habe, entschädigt mich für den Missbrauch, den ich dafür an meinem Körper getrieben habe.

39. Ich melde den zuständigen Geschäftsführern Probleme in Restaurants, Hotels, Geschäften und anderen Dienstleistungsunternehmen.

40. Meine Familienfotos sind alle beschriftet und in einem Archivsystem einsortiert.

41. Ich arbeite härter als die meisten Leute, die ich kenne, und die Dinge, die zu tun sind, nehmen kein Ende.

42. Leute, die bei der Arbeit Pausen machen, einschließlich der Mittagspause, haben einen Hang zur Faulheit.

43. Ich rede gern von meinen Zielen und von den Fortschritten, die ich auf dem Weg dahin mache.

44. Wenn jemand mir von einem schlimmen Erlebnis erzählt, erzähle ich ihm von meinem ähnlichen (oder noch schlimmeren) Erlebnis, damit er sich besser fühlt.

45. Telefonnummern, die ich häufig brauche, bewahre ich in der Nähe jedes Telefons in Form von Karteikarten oder einer getippten Liste in einer Klarsichthülle auf.

46. Wenn ich bete, dann meist, um Gott um Hilfe beim Erreichen meiner Ziele zu bitten.

47. Plastiktüten aus dem Supermarkt werden bei mir säuberlich zusammengefaltet und gestapelt.

48. Es stört mich, wenn andere Leute meinen, sie müssten das letzte Wort haben.

49. Ich hasse Listen, die mit einer ungeraden Zahl enden.


*Erste Auswertung*

Geben Sie sich einen Punkt für jede der obigen neunundvierzig Aussagen, die Sie mit *Richtig* oder *Sollte* beantwortet haben.

0-9    Sie sind vermutlich eine klassische Typ-B-Maria (Marthas Schwester, wissen Sie noch?), die mich entweder umarmen oder erschießen möchte. Beide Aussichten sind gleichermaßen niederschmetternd. Rufen Sie stattdessen sofort eine Freundin an, halten Sie einen langen, gemütlichen Plausch mit ihr und benutzen Sie dieses Buch, um Blumen zu pressen.

| 10-29 | Sagen Sie Ihrer Freundin, Sie rufen später wieder an, weil Sie gerade einen Test machen. |
|---|---|
| 30-47 | Sie stehen auf der Kippe und schwanken gefährlich hin zur dunklen Typ-B-Seite. Schnell! Räumen Sie eine Schublade auf, Ihre Handtasche – irgendetwas – und retten Sie sich, bevor es zu spät ist! Möge die Liste mit Ihnen sein. |
| 48 | Jammerschade. Sie waren *so* nahe dran, die perfekte Punktzahl zu erreichen. |
| 49 | Bravo, Perfektionistin! Schauen Sie, ob Sie unten noch mehr Punkte einheimsen können. |

## Zweite Auswertung

Fügen Sie 500 Punkte hinzu, wenn Sie bis hierher vorgeblättert haben, bevor sie den Test machten, um ein besseres Ergebnis zu bekommen.

Ziehen Sie 10.000 Punkte ab, wenn Sie bis hierher vorgeblättert haben und gar nicht vorhatten, den Test zu machen.

Addieren Sie 25.000 Bonuspunkte, wenn Sie den ganzen Test in einem Rutsch durchgemacht haben.

Ziehen Sie 5.000.000 Punke ab, wenn Sie den Test angefangen, aber vor dem Ende abgebrochen haben.

## Gesamtauswertung

| -5.000.000 bis 25.548 | Danke fürs Mitmachen und viel Spaß mit Ihrem hübschen Abschiedsgeschenk – einer im Dunkeln leuchtenden Replik der Skulptur *Der Denker*, geschmückt mit einem festlich-farbenfrohen Sombrero. |
|---|---|
| 25.549 | Herzlichen Glückwunsch! Sie gehören mit vielen anderen zur Weltklasse der unverbesserlichen Typ-A-Marthas. |

# Nägel mit Köpfen

Meistens stehen wir Marthas auf Dinge, die sich säuberlich in zwei Kategorien einteilen lassen. Eine rasiermesserscharfe Linie trennt das Richtige vom Falschen, das *Entweder* vom *Oder*, das Schwarze vom Weißen. Entscheidungen sind ein Kinderspiel. Da wird nicht lange mit verschiedenen Lösungsmöglichkeiten gefackelt, die alle gleichermaßen gültig sein können (als ob!). Diese rasant gestemmten Urteile sparen nicht nur Zeit, sondern sind oft auch der einzige Sport, zu dem wir kommen.

Allerdings gibt es auch Gelegenheiten, bei denen uns diese Alles-oder-nichts-Haltung ein bisschen zu nahe auf die Pelle rückt.

Nach dem obigen Test haben Sie entweder den maximalen Martha-Faktor oder nicht. Wenn Ihnen auch nur ein Punkt an den 25.549 fehlt, werden Sie den geheimen Händedruck niemals lernen.[*]

In Wirklichkeit können Sie, ich und jede andere Frau eine Martha sein, denn das Marthatum hängt nicht von der Länge unserer Liste ab, sondern von ihrem Gewicht. Es geht nicht darum, wie viele Anforderungen wir in unserem Leben haben, sondern wie wir sie und unsere Fähigkeit, ihnen gerecht zu werden, wahrnehmen. Ich bin überzeugt, hätte ich auf der Straße eine Umfrage gemacht: »Gehen Sie bis an Ihre Grenzen?«, so hätte fast jede Frau mit einem inbrünstigen »Ja!« geantwortet. Auch, wenn sie vielleicht nur an drei Dingen arbeitet. Oder an dreiunddreißig. So oder so, wenn sie sich dem Ende ihrer Kräfte näher fühlt als dem Ende ihrer Liste, stößt sie an ihre Grenzen.

Sicher gibt es ein paar wenige mutierte Frauen, deren Terminkalender bis zum Bersten voll ist und die trotzdem leichtfüßig durch jeden Tag schweben und jede Nacht durchschlafen.

---

[*] In Wirklichkeit ist es gar kein Händedruck, sondern ein ausgestreckter Zeigefinger, der Aussagen unterstreicht wie: »Das gehört da nicht hin!«, »Das hättest du schon vor einer Stunde aufräumen sollen!« oder »Ich sage dir, was dein Problem ist!«

Marthas tun weder das eine noch das andere. Wir sind immer zu voll geplant, gestresst und überlastet. Die gute Nachricht ist, dass unsere Probleme zwar weit verbreitet, aber nicht unlösbar sind. Es gibt Hoffnung! Bald wird es Vergangenheit sein, dass Sie jede Minute jedes Tages am Rande der spontanen Selbstentzündung leben. Und die guten Dinge, die wir an die Stelle dieses Lebensstils setzen, wird uns niemand mehr wegnehmen können.

Bevor wir einen Schritt weitergehen, müssen wir ein paar Schritte zurückgehen – zurück in ein antikes Dorf namens Bethanien. Ja, es ist eine ländliche Gegend, aber wenn Sie nur ein bisschen Camping-Erfahrung haben, werden Sie prima zurechtkommen. Aber aufgepasst – schmuggeln Sie nichts Verbotenes ins Lager, wenn Sie keine Pitbulls mögen.

# Kapitel 3

# Marthas Welt:
# Sie dreht
# und dreht
# und dreht sich

Bei dem Namen Martha fällt mir Martha Stewart ein, die Päpstin für geschmackvollen Lebensstil. Was würde *sie* wohl vorschlagen, was wir einpacken sollen, wenn wir ins alte Bethanien reisen? Vielleicht ungefähr Folgendes:

»Das Geheimnis der richtigen Kleidung für wärmere Klimata in fernen Ländern ist Baumwolle. Jede Menge Baumwolle. Meine Lieblingsausstattung besteht aus diesem in passenden Farben zusammengestellten Ensemble aus siebenunddreißig Kleidungsstücken. Ich habe sie selbst genäht, aus Stoff, den ich selbst gewoben habe, aus Baumwolle, die ich selbst angebaut habe. Auch Sie können das. Es ist eigentlich ganz einfach. Diese Kleidung ist ideal für jedes Land im Nahen Osten, aus dem wir Amerikaner noch nicht gewaltsam evakuiert wurden.«[6]

Krieg ist seit Jahrtausenden Alltagsrealität in dieser Region. Ob er wohl einer vollen Salve Stewart'scher Kommentare standhalten könnte?

Ich glaube kaum.

Tun wir so, als hätten wir alles bereits perfekt gepackt. Sogar unsere Passfotos sehen prima aus! Unsere Impfungen sind auf dem neuesten Stand, unsere Flugzeuge sind pünktlich, und auf den Nachttischen in unseren vollklimatisierten Hotelzimmern liegen entzückende kleine Schokoladentäfelchen. Doch bevor wir loslegen, lassen Sie uns die Gegend erkunden und ein paar Hinweise sammeln, die alle im nächsten Kapitel eine Rolle spielen werden.

Der Größe nach war das alte Palästina mit New Jersey vergleichbar.

Die klimatischen Bedingungen waren etwa so wie in Südkalifornien.

Die Einwohnerzahl betrug etwa 250.000, etwa so viel wie Las Vegas heute.

Unser Zielort Bethanien liegt etwa zwei Meilen südöstlich von Jerusalem. Heute befinden sich seine Ruinen in einem armen arabischen Dorf mit etwa 3.500 Einwohnern. Sein Name ist jetzt El Azaryiah, nach seinem berühmtesten Bürger – dem auferweckten Lazarus. Sein angebliches Grab, eigentlich eine Höhle, steht Touristen offen, falls sie Lust haben, Dutzende von steilen, in den rohen Fels geschlagene Stufen zur Grabkammer hinabzusteigen. Doch bei unserer Reise geht es nicht um ihn, sondern um seine Schwester Martha.

## Das schöne Bethanien

Der Name dieses Dorfes bedeutet »Haus der Datteln«, da eines seiner herausragenden Merkmale seine wunderschönen Palmen waren. In einem Bericht heißt es, das alte Bethanien sei »bemerkenswert schön« gewesen, »ein Ort vollkommener Zuflucht und Ruhe, voll Abgeschiedenheit und herrlichem Frieden.« Heute sind die meisten natürlichen Wälder des alten Palästina verschwunden, und schon zur Zeit Jesu war es »vergleichsweise öde, unfruchtbar und grau.« Das erklärt vielleicht, warum andere Quellen besagen, dass Bethanien auch »Haus des Elends« oder »Haus der Armut« bedeuten kann.

Etwa zwei Meilen von Jerusalem entfernt auf dem südöstlichen Hang des Ölberges gelegen, war Bethanien die letzte größere Ortschaft an der Straße nach Jericho. Als dieses Land noch zum israelitischen Stamm Benjamin gehörte, hieß das Dorf Beit Hanania. Haupterwerb war die Landwirtschaft, und die Leute produzierten Trauben, Aprikosen, Melonen, Granatäpfel, Feigen, Datteln, Oliven, Weizen, Gerste, Dinkel, Bohnen, Linsen und Wein und hielten Schafe und Ziegen. (Von Baumwolle wird eigenartigerweise nichts erwähnt.) Eine Ausgrabung in den frühen fünfziger Jahren brachte Zisternen, Häuser, Weinpressen und Silos zu Tage – Anzeichen für ein aktives Dorf.

Der Besuch Jesu, aufgezeichnet in Lukas 10,38-42, fand im Jahre 29 zwischen dem Laubhüttenfest (im jüdischen Monat Tischri, bei uns September/Oktober) und dem Fest der Tempelweihe (im jüdischen Monat Chislev, bei uns November/Dezember) statt. Das bedeutet, dass er zu Beginn der Regenzeit in Palästina eintraf. Genau die Jahreszeit, in der jede Gastgeberin gern Gäste hatte. Kein Sonnenschein, in dem man die guten Tischdecken lüften und die staubigen Teppiche ausschütteln konnte. Trockenes Holz für das Feuer war kaum zu finden. Schafe, Ziegen und Hühner drängten sich lärmend unter das schützende Dach. Die Kinder wuselten im Haus herum. Ja, genau die Zeit, in der man in Stimmung war, Gäste großzügig zu bewirten.

Wenn das Haus von Martha, Maria und Lazarus eine einfache palästinensische Behausung war, war es vermutlich aus dem einheimischen Kalkstein erbaut, um den kräftigen Regengüssen zu trotzen, hatte ein Flachdach, maß etwa viereinhalb mal viereinhalb Meter und verfügte über einen Außenherd unter einem Schutzdach. Falls es sich um sehr arme Leute handelte, wurden ihre Mahlzeiten auf einer Art Matte auf dem Fußboden aufgetragen.

Falls ihr Haus eher dem entsprach, was wir heute Mittelklasse nennen, so dürfte es über mindestens die doppelte Fläche verfügt haben, um Raum für einen Viehstall, getrennte Räume für Männer und Frauen zu bieten, und vielleicht hatte es sogar ein zweites Stockwerk. Was die Möblierung angeht, so hatten sie vielleicht »einen Tisch, ein paar Stühle, Hocker oder Bänke, manchmal Betten und Truhen. Meist schliefen die Leute auf dem Boden oder auf steinernen oder gemauerten Bänken an den Wänden, die mit Matten oder Fellen bedeckt waren.«[7] Das Geschirr bestand aus leicht zerbrechlicher Keramik. Krüge und andere Behälter hatten oft kleine Löcher am oberen Rand, durch die eine Schnur oder ein Draht geführt wurde, um einen Griff zu bilden. Keramikgefäße in Palästina wurden nicht glasiert, aber manchmal braun oder rot bemalt.

Falls das Geschwistertrio wohlhabend war, dürfte ihre Behausung eher eine Anlage als ein Haus gewesen sein. Erbaut um einen zentralen Innenhof, bestand ihr geräumiges Zuhause vielleicht sogar aus kostbarem Zedernholz aus dem Libanon. Auch andere Materialien – Ebenholz, Stein und Metalle – könnten Verwendung gefunden haben. Das Dach über den Reichen war meist geneigt und mit Schindeln gedeckt. Statt einer Leiter, wie sie in bescheideneren Behausungen zu finden war, führte eine Treppe zum oberen Stockwerk empor. In der Nähe des Haupteinganges gab es ein behaglich eingerichtetes Gästezimmer. Das Abendessen für die Gäste wurde in einem von unzähligen Öllampen fast taghell erleuchteten Raum serviert, und dazu erklang Musik.

In dem Haus befand sich vielleicht eine Zentralküche, und auf den Regalen mögen feine tiberianische Glasgefäße gestanden haben – die dünnsten und schönsten weit und breit. Stellen Sie sich dazu Bäder im Haus mit Fresken an den geputzten Wänden, Speiseliegen nach römischem Vorbild und komfortable Betten nach Art der Ägypter vor, und wir haben eine Party vor Augen, die eine Fotosession für *Schöner wohnen* wert wäre.

Was für ein Haus hatte Martha? Ich würde auf das letzte tippen. Der Evangelist Lukas schreibt ihr die Herrschaft, wenn nicht gar den Besitz des Hauses zu, obwohl Frauen dort nur selten Besitz erbten. Falls ihre Eltern tot war, agierte sie vielleicht als Vormund, bis Lazarus alt genug waren, um die Rolle des Hausherrn zu übernehmen. Außerdem muss sie über genügend Mittel und Platz verfügt haben, um Jesus und sein Gefolge angemessen zu bewirten – was einiges heißen wollte, da die Lebenshaltungskosten in Judäa fünfmal so hoch waren wie in Galiläa. Außerdem galt in kleinen Dörfern die Regel, dass nur »ein etablierter Haushalt« das Vorrecht hatte, Gastfreundschaft zu erweisen. Und schließlich erfahren wir über Martha, dass sie sich in endlosen Details verlor. Wie viel Gelegenheit zur Detailversessenheit hätte eine Behausung mit nur einem Raum wohl geboten? Nicht viel, verglichen mit einer geräumigen Anlage, in der jeder üppig möblierte Raum auf Hochglanz gewienert werden musste.

## Stolz und Vorurteil

Erinnern Sie sich an die Geschichten von Jesus in Galiläa? Das war eine Region, keine Stadt, im nördlichen Teil des alten Palästina. Kapernaum, Kana und Nazareth sind galiläische Städte, deren Namen uns wegen der Wunder, die Jesus dort vollbrachte, vertraut sind.

Nun stellen Sie sich einen kleinen Ballon vor, der an einer sehr langen Schnur hängt. Am Ende der Schnur ist ein Kissenbezug befestigt. Der kleine Ballon ist der See Genezareth, die Schnur symbolisiert etwa hundert Kilometer des Flusses Jordan, und der Kissenbezug ist das Tote Meer. Etwa fünfzehn Kilometer direkt westlich von der Stelle, wo der Kissenbezug an der Schnur befestigt ist, liegen Jerusalem und Bethanien. Sie befinden sich in der Region, die Judäa genannt wird. Schlussfolgerung: Galiläa ist im Norden, Judäa ist im Süden, und sie sind verbunden durch den Jordan.

Kennen Sie die Klischeevorstellungen, die in vielen Ländern zwischen Leuten aus dem Norden und Leuten aus dem Süden herrschen? Im alten Palästina gab es einen ganz ähnlichen regionalen Rassismus. Die Leute aus jedem Gebiet waren genauso verschieden wie die Landschaften, in denen sie lebten.

Galiläa hatte schätzungsweise 240 kleine Städte und Dörfer, jeweils mit nicht weniger als 15.000 Einwohnern. Die Landschaft war »grandios, frei, frisch und lieblich. Ein schöneres Land voller Hügel, Täler und Seen als das eigentliche Galiläa lässt sich kaum vorstellen. ... Die vollkommenen Früchte, die dort gediehen, waren sprichwörtlich.«

Die Galiläer waren annähernd das, was wir heute frei denkende Partylöwen nennen würden. Bezüglich des Gesetzes hatten sie ihre eigenen Ansichten. Außerdem waren sie großzügig, warmherzig und spontan, glühende Nationalisten und von schlichter Art, aber auch leicht erregbar, leidenschaftlich, gewalttätig.

Habe ich erwähnt, dass der Apostel Petrus aus Galiläa stammte?

Im Gegensatz zu dem blühenden, grünen Galiläa wird Judäa beschrieben als eine Landschaft voller »verfallender Städte von altem Ruhm; ein einsames Hochland mit kahlen, zerklüfteten Bergen, in dessen fernem Hintergrund stets das erhabene, herrliche Jerusalem schwebt.«[8]

Der Stolz der Judäer waren ihre Kultur, ihre Gelehrsamkeit und ihre Frömmigkeit.

Ein schärferer Kontrast lässt sich kaum denken als der zwischen den komplexen scholastischen Studien der Judäer und den handfesten Beschäftigungen, denen die Männer in Galiläa nachgingen. Eine verbreitete Redensart lautete:»Will einer reich werden, so soll er nach Norden gehen; will er weise werden, so soll er in den Süden kommen.« ... In rabbinischen Kreisen herrschte eine allgemeine Verachtung gegenüber allem, was aus Galiläa kam.

Jesus wurde in Bethlehem geboren und war demnach der Geburt nach Judäer. Doch da er den größten Teil seines Erwachsenenlebens in Galiläa verbrachte, verstärkte dies vermutlich die Ablehnung ihm gegenüber unter den ohnehin schon voreingenommenen religiösen Führern in Jerusalem.

## Das eherne Gesetz

Großzügige Gastfreundschaft ist das altehrwürdige Markenzeichen der orientalischen Kultur. Die nomadische Bevölkerung war darauf angewiesen, hin und wieder von Sesshaften mit Wasser, Nahrung und Obdach versorgt zu werden.

Im alten Palästina nahm man zwei Mahlzeiten pro Tag zu sich – Mittagessen und Abendessen. Gäste lud man meist zum Abendessen ein; nur die Wohlhabenden bewirteten schon zum Frühstück Gäste. Bei den anderen war das Frühstück nur ein kleiner Imbiss, der gar nicht den Namen Mahlzeit verdiente. Was das Essen angeht, so ernährte man sich zur Hälfte von Getreide, zur anderen Hälfte von Wein, Öl, Hülsenfrüchten, Obst, Gemüse und Käse. Die Wohlhabenden aßen regelmäßig Fleisch, doch wenn Gäste zu bewirten waren, musste Fleisch auf den Tisch, unabhängig vom Status des Gastgebers.

Typisch war, dass Fremde oder Gäste, die eine Ortschaft besuchten, an gut sichtbarer Stelle, etwa an einem Stadttor oder einem Brunnen, warteten, bis man sie bemerkte. »Wenn die Einwohner eines Ortes es versäumten, vor Einbruch der Nacht auf die Fremden zuzugehen und sie zu Essen und Unterkunft in einem etablierten Haushalt einzuladen, stellte dies eine schwere Ehrverletzung dar, die eine Beleidigung der Fremden bedeutete und auf den schlechten Charakter der Einheimischen hindeutete.«[9]

Für das Volk Gottes innerhalb dieser Kultur gewann die Gastfreundschaft eine noch größere Bedeutung. Der jüdische Glaube begann mit einem Mann auf einer Reise – Abraham. Die ganze Geschichte des Judentums ist immer wieder von Wanderungen und Heimatlosigkeit geprägt. Fremde zu sich nach Hause einzuladen – sie zu bewirten, zu erfrischen und zu schützen – ist ein Bild für Gottes Gastfreundschaft gegenüber Israel und letzten Endes gegenüber der ganzen Welt. Daher sein Gebot: »Darum sollt ihr auch die Fremdlinge lieben; denn ihr seid auch Fremdlinge gewesen in Ägyptenland.«[10]

Jesus unterstrich diese bedingungslose Gastfreundschaft, als er sagte: »Denn ich bin hungrig gewesen, und ihr habt mir zu essen gegeben. Ich bin durstig gewesen, und ihr habt mir zu trinken gegeben. Ich bin ein Fremder gewesen, und ihr habt mich aufgenommen.«[11] Als er seine Jünger zum ersten Mal allein auf Verkündigungsreise schickte, wies er sie an, die Gastfreundschaft der Einheimischen in Anspruch zu nehmen. Jede Ortschaft, die ihnen dies verweigerte, war dem Gericht verfallen. (Möglicherweise kam Marthas erster persönlicher Kontakt zu den Jüngern Jesu zustande, als er die Siebzig aussandte und sie einigen von ihnen Gastfreundschaft gewährte.)

Ein guter Gastgeber oder eine gute Gastgeberin stellte seinen oder ihren Gästen bereitwillig nur das Allerbeste zur Verfügung. Dann folgte ein festes Willkommensprogramm.

Wenn ein Gast eintrifft, ist die übliche Begrüßung durch den Gastgeber, wenn beide auf gleichem gesellschaftlichem Rang stehen, ein Kuss. Dieser Gruß wird zuerst vom Gastgeber entboten und dann vom Gast erwidert. Sodann wird ein Sklave herbeigerufen, der, geschürzt mit einem Tuch um die Hüfte, ein Becken und einen Wasserkrug bringt. Das Becken wird nacheinander unter die bloßen Hände und Füße des Gastes gehalten, und das Wasser aus dem Krug wird darüber gegossen. Ein zweiter Sklave erscheint mit dem Parfüm, das auf den Gast gesprengt wird, und in einem reichen Haus bringt vielleicht ein dritter Sklave ein brennendes Rauchfass und ein Tuch herbei, mit dem der Kopf für einen Moment bedeckt wird, so dass der Duft des Räucherwerks die Kleidung des Gastes durchdringen kann. Seltener kann es vorkommen, dass das Haupt des Gastes mit kostbaren Ölen oder Essenzen, etwa mit Rosenöl, gesalbt wird.
Wenn die Gäste eintreten, falls es mehrere sind, nimmt der Ranghöchste zur Rechten des Gastgebers Platz. ... Der zweite Ehrenplatz ist zur Linken des Gastgebers, der nächste zwei Plätze rechts vom Gastgeber und so weiter. ... Der niedrigste Platz an der Tafel ist ganz links außen. Diese Sitzordnung spielt in der orientalischen Sitte eine große Rolle, und wenn ein Gastgeber feststellt, dass seine Gäste in der falschen Reihenfolge Platz genommen haben, ist es seine Pflicht, darum zu bitten, dass sie sich umsetzen.

Wenn das Mahl bestellt wird, verwendet man den gleichen Befehl wie in alttestamentlicher Zeit: »Bringt das Brot.« Danach bleiben die Sklaven mit verschränkten Armen stehen und halten Augenkontakt mit dem Herrn des Hauses, um auf weitere Anweisungen zu warten.

Das Essen wird in einer gemeinsamen Schüssel serviert, in die alle ihr Brot eintauchen. ... Wasser wird nicht zum Essen auf den Tisch gestellt, aber ebenso wie der Wein jedem gebracht, der danach verlangt. Das Trinkgefäß ist eine kleine Schüssel ohne Henkel, meist aus Messing, die von unten auf den Fingerspitzen ruhend gehalten wird. Ebenso wie beim Essen gibt es nur ein gemeinsames Trinkgefäß für alle, die am Tisch sitzen.

Nach jeder Mahlzeit wäscht sich ein Orientale nicht nur die Hände, sondern spült auch den Mund mit Wasser aus.[12]

Gäste konnten damit rechnen, zwei Nächte zu bleiben, es sei denn, der Gastgeber drängte auf einen längeren Aufenthalt. Danach wurde vom Gastgeber erwartet, dass er sie mit reichlichen Vorräten für die Weiterreise ausstattete. »Das Ziel in dieser abschließenden Phase der Gastfreundschaft war es, den Gast in Frieden ziehen zu lassen, ohne dass er die soziale Harmonie des Haushaltes oder der Ortschaft gestört hatte.«[13]

Wenn es um Gastfreundschaft geht, ist der Friede offenbar genauso wichtig wie die Ehre.

## Der Platz einer Frau

In dieser Umgebung glänzte Martha wie ein Diamant – aber wie einer, der noch im Kohlestadium war. In dieser Kultur, in der die Geschlechter scharf voneinander abgegrenzt waren, hatte sie nur zwei Möglichkeiten, um sich vor der Welt auszuzeichnen: indem sie Söhne hatte oder indem sie sich als außergewöhnlich gute Gastgeberin hervortat. In der Bibel wird nicht erwähnt, dass sie verheiratet war, so dass die Sache mit den Söhnen für die Zeitspanne, um die es uns geht, ausfiel. Somit dürfte sie ihre ganze Anstrengung auf die Gastfreundschaft gerichtet haben.

Vermutlich kannte Martha die jüdischen Geschichten von Leuten, die besonders große Gastfreundschaft gewährten und dafür von Gott selbst reich belohnt wurden. Sara bekam einen Sohn. Abigail heiratete König David. Der Witwe in Zarpath ging nie wieder das Öl oder das Mehl aus. Rahabs Familie wurde in einer Schlacht verschont.[14] Das mag uns deutlich machen, warum Martha so hoch motiviert war, sich gegenüber jedem Gast unter ihrem Dach als außergewöhnlich gute Gastgeberin zu zeigen: um die Familienehre zu schützen, dem Klatsch im Ort den Boden zu entziehen und vielleicht – durfte sie es zu hoffen wagen? – einen Ehemann und Kinder zu gewinnen!

Im alten Palästina standen jüdische Frauen weit unter den Männern, was die sozialen Freiheiten angeht. Geschätzt wurden sie hauptsächlich dafür, dass sie vor der Ehe rein und nach der Hochzeit fruchtbar waren. Angesichts dessen war es erstaunlich, wie Jesus mit Frauen umging. Stellen Sie sich einen Mann vor, der tiefes Interesse daran zeigt, wie eine Frau denkt und fühlt, der sich nicht schämt, in der Öffentlichkeit mit ihr zu reden oder sie gar zu berühren, um sie zu heilen. Martha mit ihrem starken Eigenwillen muss das mit Befriedigung gesehen und sich gesagt haben: *Wurde auch Zeit!*

## Die ehrenwerte Miss Martha

Eine Sache bezüglich dieser Kultur muss ich noch hervorheben, weil sie ein bezeichnendes Licht auf Marthas Worte und Handlungsweisen im nächsten Kapitel wirft. Den Menschen im Orient war eine Sache wichtiger als alles andere: die Ehre. Dieser hohe Wert machte sie anfällig für Konflikte. Der Forscher John Pilch erklärt es folgendermaßen:

Jeder Mensch gilt zunächst als ehrenwert und verbringt sein Leben lang damit, diese Ehre zu hüten, zu schützen und zu bewahren. Das beständige kulturelle »Spiel« mit der Ehre besteht aus »Herausforderung und Antwort«. Eine Person fordert die Ehre eines Gleichrangigen heraus, in der Hoffnung, ihn zu beschämen (indem er ihn auf dem falschen Fuß erwischt, unfähig, angemessen zu antworten) und dadurch seine eigene Ehre zu vergrößern. Solche Menschen sind wahrhaft »katalytisch«; sie legen gern Brände.[15]

Doch das Problem, wenn sich eine Konfrontation über die Ehre entzündet, ist, dass irgendjemand sich immer dabei verbrennt.

# Kapitel 4

# Party-Stress

Nachdem wir dieses »*Sie ... sind ... h-h-hier*«-Kapitel hinter uns gebracht haben, müssen wir uns nur noch den einschlägigen Text vornehmen, Lukas 10,38-42. Dann sind wir so weit, dass wir in eine andere Zeit und an einen anderen Ort reisen können ... wo wir eine Person treffen werden, bei der wir das Gefühl haben, sie schon unser ganzes Leben lang zu kennen.

Als Jesus mit seinen Jüngern weiterzog, kam er in ein Dorf. Dort nahm ihn eine Frau namens Martha gastlich auf. Sie hatte eine Schwester mit Namen Maria, die setzte sich zu Füßen des Herrn nieder und hörte ihm zu. Martha dagegen war überbeschäftigt mit der Vorbereitung des Essens. Schließlich trat Martha vor Jesus hin und sagte: »Herr, kümmert es dich nicht, dass mich meine Schwester die ganze Arbeit allein tun lässt? Sag ihr doch, dass sie mir helfen soll!« Der Herr antwortete ihr: »Martha, Martha, du machst dir so viele Sorgen und verlierst dich an vielerlei, aber nur eines ist notwendig. Maria hat die gute Wahl getroffen; sie hat sich für das unverlierbar Gute entschieden, das ihr nicht genommen werden kann.«[16]

## Rat mal, wer zum Essen kommt!

Überraschungen kommen bei kontrollversessenen Frauen nicht gut an. Ob die ursprüngliche Martha zu diesen gehörte? Wir wissen nicht genau, ob der Besuch Jesu vorher verabredet oder unangemeldet war. Zumindest dürfte sie ungefähr eine halbe Stunde Vorwarnung gehabt haben. So lange brauchte man etwa, um zu Fuß vom Damaskustor in Jerusalem zum Dorf Bethanien zu gehen. Vielleicht kam der junge Lazarus zu Hause angerannt und rief: »Ich habe ihn gesehen! Er kommt!«

»Wer kommt?«, fragte Martha, ohne von dem Teig aufzublicken, den sie gerade knetete.

»Jesus!«

Damit hatte er ihre Aufmerksamkeit. »*Was!* Wann?«

»Jetzt! Er ist schon unterwegs.«

Genauso gut hätte Lazarus direkt am Ohr eines Rennpferdes Fanfare blasen können. Von diesem Moment an war Martha voll fieberhafter Aktivität. Auch wenn es bei ihr zu Hause immer ordentlich war, gab es noch alle Hände voll zu tun, um alles für die Gäste bereitzumachen. Nicht nur, dass sie ein üppiges Festmahl vorbereiten musste, es waren auch Vorbereitungen für die Übernachtung der Gäste zu treffen.

Woher wusste sie, wer Jesus war? Zweifellos hatte Martha davon gehört, wie Jesus zwei Jahre zuvor den Tempel gereinigt hatte, wenn sie nicht sogar selbst dabei gewesen war. (Sehr witzig – nein, sie hat nicht in eine Ecke gedeutet und gesagt: »Da hast du noch einen Fleck übersehen.«) Die Berichte über seine vielen Wunder in Galiläa hatten sich wahrscheinlich auch im südlichen Judäa herumgesprochen – Berichte von Heilungen, von der Speisung großer Menschenmengen, ja sogar von einem Gang auf dem Wasser.

Im Vorjahr hatte Jesus in Jerusalem einen Lahmen geheilt. Und erst in diesem Jahr, wieder in Jerusalem, hatte er einem Blinden das Augenlicht wiedergegeben. Ob Martha und ihre Geschwister wohl eines der Jerusalemer Wunder mit eigenen Augen gesehen hatten? Wir wissen es nicht, aber wahrscheinlich gab es zumindest in ihrem Dorf irgendjemanden, der dabei gewesen war und die Neuigkeit verbreitet hatte.

Jesus war selten allein unterwegs, wenn überhaupt jemals. Zu diesem Zeitpunkt hatte er bereits alle seine zwölf Jünger berufen. Da sie wusste, dass einige der Anhänger Jesu grobschlächtige Galiläer waren, wollte Martha vielleicht keine Kosten scheuen und die judäische Gastfreundschaft von ihrer besten Seite zeigen (insgeheim hoffend, dass ihre kultivierten Manieren auf sie abfärben würden). Es ist bekannt, dass mit Jesus auch Frauen unterwegs waren. Vielleicht begleiteten auch einige Pharisäer und Sadduzäer die Gruppe Jesu, sei es aus Neugier oder aus Böswilligkeit. Wenn Martha bei ihnen einen guten Eindruck hinterließ, konnte das für Lazarus' Zukunftsaussichten nur gut sein. Mit einem halben Dutzend Männer konnte Martha mindestens rechnen. Höchstenfalls stand ihr eine Gruppe von Männern und Frauen von vielleicht fünfzig Personen ins Haus![17]

## Niemand ist mit Martha in der Küche

Da sie wohlhabend war (wovon wir hier ausgehen), hatte Martha vermutlich Bedienstete.

Doch da sie *sie* war, stellte sie vermutlich sehr hohe Ansprüche, die für eine ebenso hohe Fluktuation sorgten. Stellen Sie sich den Personalbetreuer in einer Zeitarbeitsfirma in Jerusalem vor, wie er sich den Lebenslauf eines Hausangestellten vornimmt. »So so, du hast also für Martha von Bethanien gearbeitet? Na, wer hat das nicht?«

Und ausgerechnet jetzt, auf dem Höhepunkt ihrer Gastgeberinnenkarriere, wo es darauf ankommt, dass *jeder* makellos seine Pflicht tut, macht sich ihre Schwester dünne. Ein junges Dienstmädchen, nennen wir sie Lydia, schlich sich an Martha heran, die von einer Aufgabe zur nächsten hechtete, ohne eine davon zu Ende zu bringen.

»Äh ... tut mir Leid, wenn ich störe, aber ... aber ... aber ...«

Martha wirbelte herum und stemmte die Hände in die Hüften. »Aber *was*!?«

»... aber wir können die neue Messingschale nicht finden.«

»Frag Maria. Sie weiß, wo sie ist.« Martha drehte sich wieder um und machte sich an dem Ziegenkäse zu schaffen.

»Das kann ich nicht.«

»Und warum nicht, wenn ich fragen darf?«

»Sie ist weg.«

Wieder wirbelte Martha herum und packte Lydia an den Schultern. »*Was soll das heißen, sie ist weg??*«

»Keiner weiß, wo sie ist.«

Im nächsten Moment stampfte Martha aus der Küche, um nach ihrer Schwester zu suchen, während ihr bei jedem Schritt der Ärger höher in die Kehle stieg. Als sie durchs Esszimmer kam, traute sie ihren Augen nicht. Jesus und Lazarus saßen mit dem Rücken zu ihr auf Stühlen am höchsten Tisch. Als sich Jesus etwas zur Seite lehnte, glaubte Martha, vor dem Platz Jesu am Tisch etwas Tiefblaues aufblitzen zu sehen, genau die Farbe von Marias Kopftuch.

Nein, jetzt ist es weg.

Da ist es wieder!

Martha trat einen Schritt nach links ... ja! Das *ist* Marias Kopftuch. Was macht sie denn da unten auf dem Boden? Wahrscheinlich hat sie wieder beim Auftragen etwas fallen lassen, das ungeschickte Mädchen. Warum beeilt sie sich nicht ein bisschen mit dem Aufheben? Es gibt doch noch tausend Dinge zu tun.

Jetzt lehnte sich Jesus weit nach rechts ... und Martha sah Maria mit gebannter Aufmerksamkeit zu Jesus hinaufblicken. Die arbeitete überhaupt nicht! Die saß nur herum!

In unseren Bibeln heißt es ganz lapidar: »Maria setzte sich zu Jesus.« Das ist nicht annähernd so vielsagend wie das ursprüngliche Wort, das hier steht. Von dreizehn möglichen griechischen Wörtern, die »sitzen« bedeuten, hätte Lukas, der Verfasser des Evangeliums, auch das Wort *kathemai* verwenden können. Das ist der häufigste Ausdruck für die natürliche Haltung des Sitzens. Aber Maria saß nicht einfach nur da. Er hätte auch *kataklino* schreiben können. Dieses Wort wird nur für das Sitzen bei einer Mahlzeit verwendet. Aber Maria saß nicht nur, um ihren Leib zu sättigen. Lukas gebrauchte das Wort *parakathizo*, ein Wort, das im ganzen Neuen Testament kein zweites Mal vorkommt, denn Maria saß auf eine Weise dort, wie es sonst niemand tat: Sie saß ganz dicht bei ihm. Maria saß da, um ihre Seele zu sättigen.

# Martha kocht

*Krawumm!*

Lydia stieß vor Schreck einen Stapel Schüsseln um, als Martha im Sturmschritt an ihr vorbeirauschte.

*Päng, kläng!*

Tabletts aus Metall knallten lautstark auf den Küchentisch, als Martha sich an die Arbeit machte, die eigentlich Maria hätte tun sollen.

*M-I-I-I-A-U-U-U!*

Die Katze zog ihren Schwanz nicht schnell genug aus Marthas Bahn, als diese, beladen mit weiteren Speisen, in Richtung Esszimmer stürmte.

Dort versuchte sie, Marias Aufmerksamkeit auf sich zu ziehen. Vergeblich. Maria hatte nur Augen für Jesus, und er schien dem Blickkontakt zu Martha absichtlich auszuweichen – obwohl sie mit dramatischer Geste die schwerste Speisenschüssel genau zwischen die beiden setzte.

Wenn ich sie nicht dazu bringen kann, mich zu sehen, dann sorge ich eben dafür, dass sie mich hören!

Zurück in der Küche knallte Martha die Pfannen zusammen. Die Lippen zusammengepresst, mit finsterem Blick und wütend vor sich hin schnaubend stampfte sie zwischen Küche und Esszimmer hin und her. In der Küche hackte sie mit einem riesigen Messer so laut wie nur möglich auf einer unschuldigen Hülsenfrucht auf dem Holzbrett herum. Martha schürte sich zu einer brodelnden, dampfenden Naturgewalt. Sie verwandelte sich in einen wandelnden Wirbelwind.

## Ein Prophet ohne Ehre

Lassen Sie mich Ihnen etwas aus dem vorigen Kapitel in Erinnerung rufen: »Der höchste Wert und der größte persönliche Reichtum in den Mittelmeerkulturen ist die Ehre. ... Eine Person oder eine

Gruppe, die ihre Ehre verliert, ist so gut wie tot. ... Der Schein ist wichtiger als die Wirklichkeit. ... Manchmal ist es notwendig, die Ehre eines anderen anzugreifen, um die eigene Ehre zu retten. Öffentlichkeit ist ein wesentliches Element sowohl bei der Ehre als auch bei der Schande.«[18]

Alles klar?

Die Rabbiner verboten den Frauen, sich im Gesetz unterweisen zu lassen, und trotzdem erlaubte Jesus Maria, bei ihm zu sitzen und seine Lehre zu hören – möglicherweise vor den Augen religiöser Lehrer aus Jerusalem (oder zumindest solcher, die diesen Lehrern Bericht erstatteten). Im Grunde benahm Maria sich wie ein Mann – ein *entsetzlich* entehrendes Verhalten in dieser Zeit und an diesem Ort. Schlimmer noch, Maria häufte diese Schande nicht irgendwo in einem Winkel des Raumes über sich, sondern mitten im Geschehen, vor aller Augen. Und wir kennen das ja, wie sich so etwas in einer Kleinstadt herumspricht.

Stellen Sie sich Marthas Entsetzen vor. Was mag ihr durch den Kopf gegangen sein?

*Nicht zu fassen, dass Maria da sitzt – direkt zu seinen Füßen! Wie kann sie so etwas tun? Wie kann Jesus zulassen, dass sie so etwas tut? Alle starren sie an. Ein paar tuscheln schon miteinander. Bald wird das ganze Dorf Bescheid wissen.*

*Ich weiß nicht, was ich machen soll.*

*Noch nie hat jemand unserer Familie solche Schande gemacht wie Maria jetzt. Und Jesus tut so, als wäre es völlig normal, dass Maria da sitzt. Von diesem Schlag werden wir uns niemals erholen.*

*Mir wird ganz schlecht.*

*Warum sagt er denn nichts? Warum tut er nichts? Ich halte das nicht aus. Marias Ehre ist dahin, aber es ist noch nicht zu spät, um die Ehre Jesu zu retten. Wenn er sich nicht selbst rettet, werde ich es für ihn tun.*

Der Gedanke, dass sie selbst die Einzige war, die sich mit Schande bedeckte, ist Martha vermutlich nie gekommen.

# Eine Frau ohne Durchblick

An diesem Punkt hat Martha Jesus noch nicht als den Messias, den Sohn Gottes, erkannt. (Das kommt erst später, kurz bevor er in Johannes 11 ihren Bruder vom Tod auferweckt.) Für sie war er vielleicht nur der interessanteste Prophet seit langem; die »prominenteste« Persönlichkeit, die je ihr Dorf besucht hatte; oder vielleicht auch nur ein typischer Mann, der keine Ahnung hatte, was offensichtlich falsch lief und was man dagegen tun musste.

Das erklärt, warum sie ihn als »Herr« ansprach (mit kleinem *e*, etwa so, wie wenn man im Deutschen »mein Herr« zu jemandem sagt). Es erklärt auch, warum sie so plötzlich auf ihn einstürmte. (Auch dies lässt sich aus dem hier verwendeten griechischen Wort entnehmen, das so viel wie »sofort zur Stelle sein« bedeutet.) Und schließlich erklärt es, warum sie ihm mit den Worten »Herr, kümmert es dich nicht, dass mich meine Schwester die ganze Arbeit allein tun lässt?« im Grunde vorwarf, er sei entweder hirnlos oder herzlos oder beides.

Ich weiß, das hört sich schockierend an, aber der Originaltext ist hier sehr nachdrücklich und ganz klar. Das zeigt sich deutlich, wenn man die anderen Stellen im Neuen Testament betrachtet, an denen dieser Gedanke des »Sich-nicht-Kümmerns« auftaucht. Erinnern Sie sich an die Stelle, wo die Jünger auf dem See in einen Sturm geraten, während Jesus seelenruhig schläft? Sie sagen genau dasselbe wie Martha hier: »Kümmert es dich nicht?« Oder denken Sie an die Geschichte, die Jesus über den guten Hirten erzählt, der auch in Gefahr für seine Schafe sorgt, während der Tagelöhner flieht, denn es »kümmert ihn nicht«.[19] Auf gut Deutsch könnte man auch sagen: Es war ihm schnurzpiepegal.

Oh, Martha! Gleich wirst du sehen, wie sehr es Jesus kümmert.

# Ein Tadel ohne Schärfe

Viermal im Neuen Testament nannte Jesus den Namen eines anderen zweimal hintereinander. Jedes Mal war der so Angesprochene im Unrecht.[20]

>»Simon, Simon ...«

>»Jerusalem, Jerusalem ...«

>»Saul, Saul ...«

>»Martha, Martha ...«

Kulturell gesehen gibt es einen Grund dafür. Das zweimalige Nennen des Namens soll den unvermeidlichen Tadel abmildern, indem es Zärtlichkeit gegenüber dem Irrenden zum Ausdruck bringt. Wir machen es genauso, wenn wir jemanden auf seinen blinden Fleck hinweisen und vorausschicken: »Ich habe dich wirklich herzlich gern, *aber* ...«

An anderer Stelle lesen wir, dass Jesus Martha liebte.[21] Das griechische Wort, das hier verwendet wird, *agapao*, bedeutet »lieben« und »hoch schätzen«. Seine sanfte Zurechtweisung an dieser Stelle, wo er ihr mit Recht eine ordentliche Gardinenpredigt hätte halten können, zeigt, *wie sehr* Jesus Martha liebte – mit all ihrem Perfektionismus!

Wenn Jesus Martha als jemanden beschreibt, der sich »an vielerlei verliert«, dann bedeutet das in der ursprünglichen Sprache etwa Folgendes: »Deine turbogeladene Panik über einen Haufen Details hat dein Leben zerrissen.« Wirklich! Das griechische Wort, das hier im Urtext steht, ist *thorybazo*. Diese Wurzel steckt in unserem Wort »Turbulenz«. Wie würde es *Ihnen* gefallen, vor allen Ihren Gästen als »turbulent« bezeichnet zu werden – und das gerade in dem Moment, wo Sie sich mit Ihrer Gastfreundschaft selbst zu übertreffen versuchen?

## Nachtisch fällt aus

Der Abend lief *nicht* nach Marthas Wünschen.

Nicht nur, dass ihre Schwester sie im entscheidenden Moment im Stich gelassen hatte; sie hatte auch Schande über sich, die Familie und die Gäste gebracht. Und nun wies auch noch der Ehrengast Martha zurecht, wo sie sich doch nur für ihn so abmühte. (Na ja, *fast* nur.) Es war, als schaute Jesus in Martha hinein und holte aus der Tiefe Dinge hervor, die nicht einmal sie selbst über sich wusste, um sie dann vor allen anderen auszubreiten.

Nach Luft und Freiraum lechzend, floh Martha hinaus in die kühle Nacht. Sie ging ums Haus herum zur Rückseite – weg von dem warmen Licht der Lampen, das sich aus den Fenstern ergoss, weg von der fröhlichen Musik, die auf dem Wind dahinschwebte. In der Nähe einer Quelle in dem mondbeschienenen Garten fand sie eine steinerne Bank und setzte sich. Ihre Füße stießen gegen etwas, das unter der Bank lag, und sie holte es hervor – es war die neue Messingschale, die Maria eigentlich in der Küche hätte benutzen sollen. *Wird dieses Mädchen denn nie dazulernen?*

Von Maria wanderten ihre Gedanken weiter zu Jesus. Seine Zurechtweisung kreiste in ihrem Kopf herum, hallte in ihren Ohren wider und rumorte in ihrem Herzen. Auf so etwas war sie nicht gefasst gewesen! Aber er war nicht grausam. Martha war sich nicht einmal sicher, ob überhaupt irgendjemand von den anderen gehört hatte, was Jesus zu ihr sagte.

*Aber er hat Recht. Ich bin oft von Panik getrieben. Ich habe wirklich das Gefühl, dass mein Leben zerrissen ist. Aber was soll ich denn sonst tun? Ich habe nun einmal gewisse Aufgaben. Einen gewissen Ruf. Ich muss auch noch an andere Leute denken außer an mich selbst.*

Regenwolken schoben sich vor den Mond. Die tiefere Dunkelheit kam Martha gerade recht.

*Vielleicht sind manche Leute zum Studieren und zum Beten geboren. Wir anderen müssen uns um den Alltag kümmern. Irgendjemand muss das doch tun! Ich habe das immer getan. Dafür wurde ich geschaffen.*

Nach einigen Augenblicken hob sich der Wind, und wieder fiel helles Mondlicht auf Martha. Sie betrachtete ihr schattenhaftes, verschwommenes Spiegelbild in der Messingschale.

*Wenn ich es nicht besser wüsste, würde ich sagen, das ist Marias Bild.*

# Die Spezialität des Hauses

*Nur eines ist notwendig.*

Das hatte Jesus zu Martha gesagt.

Wenn das alles wäre, was auf uns lastete, dann wären wir fein raus. Wie leicht wäre das Leben, wenn wir nur eine Sache zu tun hätten! Wir hätten massenhaft freie Zeit, in der wir Malkurse machen und Fremdsprachen lernen, einen Garten anlegen, ein Buch schreiben und die Küchenschränke neu streichen könnten – aber dann wären wir schon wieder mittendrin in unserem überfüllten Zeitplan und unserem überlasteten Lebensstil.

*Nur eines ist notwendig.*

Und Maria hatte die gute Wahl getroffen, sagte Jesus.

Er hätte mit gutem Recht dem Hurrikan Martha befehlen können: »Sei still und setz dich hin! Du solltest das auch hören.« Doch was wäre das Ergebnis gewesen? Widerstrebender äußerer Gehorsam. Auch wenn Martha sich äußerlich hingesetzt hätte, garantiere ich, dass sie innerlich doch stehen geblieben wäre. Nein, ich glaube nicht, dass es hier um die Körperhaltung geht.

*Nur eines ist notwendig.*

»Das Gute« hatte Jesus es genannt.

Ist es denn nicht gut, wenn man sich um die Einzelheiten des Alltagslebens kümmert? Ist es denn nicht gut, wenn man für andere Leute sorgt? Ist es denn nicht gut, wenn man sich im Dienst für andere engagiert? Das alles kann man doch nicht einfach stehen und liegen lassen, nur um sich verträumt von innen zu begucken. Das ist einfach nicht machbar.

*Nur eines ist notwendig.*

Jesus sagte, diese eine Sache könne ihr nicht genommen werden.

Na großartig. Dann werden uns also all die Dinge, für die wir gearbeitet und uns aufgeopfert haben, genommen? Dann war also alles umsonst?

*Nur eines ist notwendig.*

Was ist dieses Eine? Ich will eine Antwort, und ich will sie jetzt.

# Tun, was er sagt

Oft wirft ein Blick auf die Originalsprache ein erhellendes Licht auf einen Bibelabschnitt. In diesem Fall bedeutet das griechische Wort für »eins« wörtlich (ein Trommelwirbel bitte) »eins«.

Wie schwer kann es sein herauszufinden, was Jesus damit gemeint hat? Ich wollte dieses Geheimnis von meiner Liste abhaken und mit meinem Leben weitermachen. Missmutig wühlte ich in den Kommentaren. »Eins« bedeutet, dass nur eine einzige Speise nötig war. »Eins« bedeutet Einfachheit. »Eine Sache« bedeutet, in sich zu gehen. »Eins« bedeutet Anbetung. »Eine Sache« bedeutet, sich der Autorität Christi unterzuordnen. »Eins« bedeutet, zu den Füßen Jesu zu sitzen.

Kann denn »Eins« all diese Dinge bedeuten?

Oder keines davon?

Dann traf es mich wie ein Keulenschlag. (Aua!) Maria wusste, was dieses Eine war, denn sie hatte es gewählt. Das heißt, sie muss in der Lage gewesen sein, es unter anderen Wahlmöglichkeiten zu erkennen. Wenn ich mich verhielt wie Maria, dann würde ich vielleicht auch dieses »Eine« erkennen und in der Lage sein, es ebenfalls zu wählen.

Also tat ich das.

Seit nun etwa zwanzig Jahren, seit mein Workaholismus seinen Höhepunkt erreichte, sitze ich da und lausche. Irgendwann unterwegs habe ich aufgehört, das »Eine« mit Gewalt als eine konkrete Aufgabe definieren zu wollen, die sich vollbringen und auswerten lässt. Und ich habe auch Folgendes gelernt: Das Sitzen an sich war nicht das »Eine«, sondern das »Eine« brachte Maria dazu, sich hinzusetzen. Auch das Zuhören war nicht das »Eine«, sondern das »Eine« brachte Maria dazu, zuzuhören.

Vielleicht hat es seinen guten Grund, dass das Griechische dieses »Eine« so vage bezeichnet. Vielleicht ist das »Eine« nicht etwas, das wir tun sollen, sondern eine Art und Weise, wie wir sein sollen; nicht ein Ort, wo wir hingehen, sondern ein Ort, von dem wir ausgehen müssen.

# Kapitel 5

# Ich bin nicht allein:
# meine Mit-Marthas

Das anderthalbstöckige weiße Holzhaus, in dem ich aufwuchs, stand auf einem schattigen, zweitausend Quadratmeter großen Grundstück am Rande einer mittelgroßen Stadt im mittleren Westen der USA.

Wenn Sie und ich jetzt zusammensäßen, würde ich Ihnen Bilder von meinem älteren Bruder Steve und mir aus den frühen Sechzigerjahren zeigen. Vor einem lametta-behangenen Weihnachtsbaum. Vor ein paar riesigen, aufblasbaren Osterhasen. Vor einer großen Geburtstagstorte. Vor der neuen Hundehütte. Nur anhand dieser Bilder könnte man auf den Gedanken kommen, wir hätten eine langweilige Kindheit gehabt. *Au contraire, meine Liebe!* Wo, wenn nicht bei uns in den frommen Südstaaten, konnten Kinder ihre neugeborenen Kätzchen im Sumpf taufen? Nackt aus dem Baumhaus hüpfen? Von der Kommode auf das Bettlaken springen, auf das wir mit Kreide eine Zielscheibe gemalt hatten? Den Kater mit Lippenstift bemalen? Alles wahre Geschichten.

Der Schluss liegt nahe, dass alle früheren Erinnerungen im Zusammenhang mit meinem Bruder *Regelverstöße* beinhalten. Wenn ich dagegen allein spielte, scheinen immer irgendwelche *Listen* eine Rolle gespielt zu haben.

Wenn ich Lehrerin spielte, stellte ich Schülerlisten auf und entwarf Tabellen für die Notenlisten.

Wenn ich Krankenschwester spielte, machte ich Listen meiner Patienten und entwarf Tabellen für ihre Lebensfunktionen und Krankheiten.

Wenn ich Mama spielte, machte ich Listen der Dinge, die ich zu erledigen hatte, und notierte alle Meilensteine in der Entwicklung meiner Babypuppe in einem abgelegten Babybuch, in dem das damalige Sängeridol Bobby Sherman als Vater verzeichnet war. (Nein, er weiß nichts davon. Manche Dinge bleiben besser ungesagt.)

Dann entdeckte ich Schuhkartons.

In der Grundschule fing ich an, nicht mehr benötigte Schuhkartons zu sammeln und als Unterteilungen für Schubladen und Regale zu benutzen. Von den detaillierten Listen mit Haushaltsjobs, die ich aufstellte, um mir mein Taschengeld zu verdienen, waren meine Eltern völlig begeistert, bis sie entdeckten, dass ich nur daran interessiert war, die Tabellen zu zeichnen, nicht daran, die Arbeit zu erledigen.

In der High School setzte ich mir zum Ziel, in jeder Klassenarbeit die volle Punktzahl zu ergattern und an allen AGs teilzunehmen, mit Ausnahme von Sport, da ich, wie die meisten A-Typen, Schmutz und Schweiß hasste. Chor, Theater, Jahrbuch, Spielmannszug. Meine Halbjahresarbeiten übertrafen stets die Erwartungen meiner Lehrer. Mein Sammelbuch quoll über vor akademischen Auszeichnungen. Was mich heraushob, war vor allem mein Übereifer, weniger mein Organisationstalent. Nur schade, dass die Schule keine Rangliste für die zukünftigen Workaholics von Amerika führte, bei der ich weitere Medaillen hätte erringen können. Wäre nett gewesen, wenn ich damals wenigstens *etwas* in Brusthöhe hätte vorzeigen können.

Auch auf dem College verließ mich mein Übereifer nicht, aber diesmal ging ich planvoll vor! Schon am zweiten Tag hing eine chronologisch geordnete Liste aller Semesterprojekte über meinem Schreibtisch. Ich berauschte mich daran, abgeschlossene Aufgaben mit dem Textmarker anzustreichen und meine Dozenten zu schockieren, indem ich Hausarbeiten Monate im Voraus einreichte.

War ich die Einzige, die sich so verhielt? Oder haben alle perfektionistischen Typ-A-Frauen Kindheitserinnerungen dieser Art? Ist das Marthatum erblich, oder wird es einem durch die Umgebung aufgeprägt? Werden Manifestationen perfektionistischen Verhaltens durch innere Krisen ausgelöst? Diese Fragen verlangen nach gründlichen, objektiven, sachkundigen Antworten. Zu dumm, dass ich sie nicht habe.[*]

Stattdessen habe ich eine vollkommen unwissenschaftliche Umfrage unter meinen Mit-Marthas durchgeführt, deren Ergebnisse kein klares Bild ergeben – aber immerhin, der Käsekuchen war großartig, und ich konnte ihn als Spesen absetzen. Sechs von ihnen werden Sie jetzt kennen lernen. In den folgenden Kapiteln werden sie Ihnen wieder begegnen und von ihren Erfahrungen als Mütter, im Beruf, von ihren Anfällen von Putzwahn und dergleichen mehr berichten. Bis zum Ende des Buches, so hoffe ich, werden Sie das Gefühl haben, sieben neue Freundinnen gefunden zu haben, die verstehen, was für ein Kampf es ist, von Natur aus eine Martha zu sein, die immer bis an ihre Grenzen geht.

## Das Wort haben die Mit-Marthas

Als ich mich mit meinen überlasteten Freundinnen unterhielt, fiel mir etwas Interessantes auf. Obwohl wir in unterschiedlichem Maße überlastet sind, *gefallen* uns unsere Persönlichkeiten. Keine von uns sagte irgendetwas in der Art wie:»Ich wünschte, ich könnte meinen Perfektionismus los werden! Ich sehne mich danach, ein nachlässiges Temperament zu haben!« Unsere Marthaismen sind uns ans Herz gewachsen, und wir würden unsere Persönlichkeitszüge nicht eintauschen wollen.

Wir sind nicht die Einzigen, die ihre obsessiv-zwanghaften Persönlichkeiten mögen. Eine Universitätsstudie über Perfektionisten enthielt die folgende Beobachtung:»Viele der befragten Personen kamen zu uns und wussten nicht, ob man bei ihnen ein Problem diagnostizierte oder ihnen zu ihren hohen Ansprüchen an sich selbst gratulierte. ... Wir fanden eine ganze Bandbreite von Leuten, die zufrieden damit waren, Perfektionisten zu sein, bis hin zu Leuten, die sehr darunter litten. Keiner von ihnen jedoch war bereit, den Perfektionismus aufzugeben.«[22]

---

* Ja ja, schon gut. Sie und meine Lektorin haben beide zumindest eine oder zwei ernsthafte Antworten verdient. Blättern Sie vor zu Kapitel 7, wenn Sie möchten.

Um aus meiner persönlichen Erfahrung zu sprechen: Jeder meiner bisherigen Chefs hat mich für meine perfektionistischen Eigenschaften gelobt: meine unermüdliche Arbeitsmoral, mein Augenmerk auf Details und meine persönliche Opferbereitschaft zum Wohl der Firma. Wenn ich noch weiter zurückgehe, haben alle meine Lehrer mich für meine Arbeit in der Schule gelobt. Die zusätzlichen Arbeiten, die ich ablieferte und auf die sonst niemand gekommen wäre (wie etwa die Baumwoll-Entkörnungsmaschine, die ich für unseren Kurs über amerikanische Erfinder aus Zungenspateln konstruierte), erfüllten sie mit Staunen und mich mit Stolz.

Als ich Lynn kennen lernte, strahlte sie sofort Wärme und Offenheit aus, so dass ich sie auf der Stelle als Typ-B-Maria einstufte. Doch als ich ihre Ringbücher zu Gesicht bekam, wusste ich, dass ich auf eine verwandte Seele gestoßen war.

Sie lud mich ein, ihr kürzlich neu eingerichtetes Arbeitszimmer zu besichtigen (sie unterrichtete Grundschüler im Umgang mit dem Computer), und ich muss sagen, als ich die säuberlich beschrifteten Ringbücher auf den wohl geordneten Regalen aufgereiht sah, war es mir, als ob Musik erklänge. Ich fühlte mich sofort zu Hause. Wenn Sie auf Kunsthandwerk stehen, dann geht es Ihnen vermutlich ebenso, wenn Sie bei jemandem in die Wohnung kommen und lauter selbst getöpferte, selbst geschnitzte oder selbst gestickte Sachen sehen. Wenn Sie auf Antiquitäten stehen, wird es Ihnen so gehen, wenn Sie in einer Biedermeier-Vitrine echtes Meißner Porzellan aus dem neunzehnten Jahrhundert entdecken. Wenn Sie auf Kitsch stehen, wird es Ihnen so gehen, wenn Sie ein Elvis-Porträt auf schwarzem Samt sehen.

Lynn erinnerte sich an ein spezielles Typ-A-Martha-Erlebnis aus ihrer High-School-Zeit. Ich würde Ihnen gern davon erzählen, aber Lynn wollte die Kontrolle über diese Anekdote nicht aus der Hand geben, weshalb Sie hier ihre Geschichte aus Lynns eigener Feder lesen können:

*Als Soldatenkind fädelte ich es ein, dass wir unseren High-School-Abschlussball in der Offiziersmesse des Militärstütz-*

*punkts feiern konnten. Als ich auf Widerstand beim Küchenchef*
*stieß, der nicht alles genau so machen wollte, wie ich es wollte,*
*brachte ich meinen Rang ins Spiel. Ich warf mich mit meiner*
*ganzen Würde als »Vorsitzende des Abschlussballausschusses« in*
*die Brust und rief den Kommandanten Oberst Soundso an, den*
*ich als mit mir gleichrangig einstufte. Nachdem er sich meine*
*Beschwerden aufmerksam angehört hatte, dankte mir der Oberst*
*für meine tiefen Einsichten und legte auf. Sein nächster Anruf*
*galt meinem Vater, einem Sergeant, der kurz darauf im Büro des*
*Oberstern strammstand und sich eine ziemlich heftige Gardinen-*
*predigt über die Notwendigkeit, seine Kinder im Zaum zu halten,*
*anhören musste. Unnötig zu erwähnen, dass ich sofort zum unte-*
*ren Ende der Nahrungskette abstürzte.*

Ist das nicht herrlich? Stellen Sie sich vor, wie Lynn, die Tinte im
Führerschein noch feucht, selbstbewusst durch einen Stützpunkt der
größten Militärmacht der Welt marschiert und wie selbstverständ-
lich davon ausgeht, dass man ihren Anweisungen Folge leistet. Das
nenne ich eine Martha! Ich bin sicher, von diesem Tag an hieß es
sofort allenthalben »Feind in Sicht!«, sobald sie auch nur auftauch-
te. Wahrscheinlich bekam sie sogar ihren eigenen kleinen Leucht-
fleck auf dem Radarschirm.

Kommen wir zu Teri. Auch sie ist eine Martha-Freundin von mir,
und uns verbindet eine lebenslange Liebe zu Büchern. Ein weiteres
Bindeglied in unserer Freundschaft entstand, als ich entdeckte, dass
sie dieselbe unverzeihliche Angewohnheit hat, der auch ich hin und
wieder fröne: Wir entschuldigen uns unter einem Vorwand bei unseren Gästen, um heimlich ganz schnell ein Kapitel in dem spannenden Schmöker zu lesen, der uns gerade in seinem Bann hält. Ihr
Marthatum in der Kindheit beschreibt sie folgendermaßen:

*Als ich in der Grundschule war, baute mein Vater mir ein eigenes*
*Bücherregal in meinem Zimmer, und ich fing an, es mit Büchern*
*zu füllen. Ich fand, dass die Bücher nach einem bestimmten*

*System geordnet werden müssten; also sortierte ich sie alphabe-*
*tisch nach Autor und Titel. Als ich damit fertig war, kam ich zu*
*dem Schluss, dass die Bücher auch irgendwie verzeichnet werden*
*müssten. Also besorgte ich mir einen Karteikasten und legte*
*einen Katalog nach Titel, Autor und Thema meiner Bücher an.*

Wie kam Teri auf den Gedanken, dass ihre Bücher nach einem bestimmten System sortiert werden müssten? Andere Kinder hätten sich vielleicht damit zufrieden gegeben, sie der Größe nach zu sortieren. Oder einfach alle Bücher ähnlicher Farbe zusammenzustellen. Oder sie vielleicht auch nur vom Boden aufzuheben. Meine sehr verehrten Geschworenen, ich behaupte, dass Teri ihre Bücher alphabetisch sortierte und katalogisierte, weil sie eine Typ-A-Martha ist! Beweisaufnahme abgeschlossen.

Lori und ihr Mann wohnen in einem wunderschönen Blockhaus in den Rocky Mountains in Colorado und haben drei Kinder, die sie zu Hause selbst unterrichten. Übrigens bietet Lori ihren Gästen nur das allerbeste Eis an: Breyers! (Ein schamloser Versuch, die Firma als Sponsor zu gewinnen und uns beiden eine lebenslange Versorgung mit Eis zu sichern. Für mich Schokolade, bitte.)

*Ich erinnere mich an meinen Ordnungssinn schon von der ersten*
*Klasse an. Meine Bücher verzeichnete ich sorgfältig auf einer*
*selbst angelegten Liste. Bis zum heutigen Tag liebe ich meine*
*Listen. Ich fühle mich so viel besser, wenn ich mein Leben schwarz*
*auf weiß vor mir habe! Als Kind führte ich immer Listen: Listen*
*der Geschenke, die ich anderen machen wollte, meine eigene*
*Weihnachtswunschliste, Listen meiner besten Freundinnen und*
*ihrer Adressen und Telefonnummern ... Listen, Listen, Listen!*

Sheryl ist eine allein erziehende Mutter von der Westküste, die auf drei Kontinenten unterrichtet und als professionelles Model gearbeitet hat, zwei Universitätsabschlüsse besitzt und jetzt Verwaltungschefin einer privaten Pflegeeinrichtung ist. Jetzt denken Sie vielleicht, dass ihre frühesten Erinnerungen an ihren Ordnungssinn mit Diagrammen, Leistungsstandards oder Gesundheitsvorschriften zu tun haben, aber dem ist nicht so. Sie haben mit Socken zu tun.

*Meine früheste Erinnerung an mein Typ-A-Verhalten ist, dass ich mich als Kind fürchterlich über die Unordnung meiner Schwester aufregte! Sie brauchte keine Schublade für ihre Socken, weil sie ihre Socken überall in unserem gemeinsamen Zimmer verteilte. Für mich war eine Schublade für Socken höchst wichtig. Wie diese Schublade innen aussah, spielte gar keine so große Rolle. Aber Socken gehörten in eine Schublade. In der Schublade konnte von mir aus Chaos herrschen, aber um Himmels willen nicht im Zimmer, wo man es sehen konnte.*

Eine weitere Typ-A-Martha ist Deanna. Sie ist allein stehend, ist international in der Jugendarbeit unterwegs und unterrichtet außerdem Spanisch an einer High School. Deannas Typ-A-Martha-Züge reichen davon, dass sie in der Grundschule ihre Malstifte in der Regenbogenfolge sortierte, bis dahin, dass sie sich im College für die Kurse entschied, die Struktur und Ordnung hatten, wie etwa Buchhaltung und Fremdsprachen. Sie erinnert sich an eine Studienreise nach Spanien, wo sie das Museo del Prado besuchte, eines der berühmtesten Museen der Welt.

*Ich saß da und hörte mir die Beschreibungen des Einsatzes von Licht und Schatten und so weiter an, und ich dachte nur:* Also, das sähe aber ziemlich scheußlich aus über meinem Kamin! *Die Hausarbeit, die ich für diesen Kurs schreiben musste, war die einzige schlechte Note, die ich im College jemals bekam.*

Arme Deanna! Sie schaffte es trotzdem, jedes Semester einen Spitzendurchschnitt zu erreichen, aber diese schlechte Note in einem Kurs über unnützes abstraktes Zeug verdarb ihr die ansonsten makellosen College-Unterlagen.

Nun möchte ich Ihnen Shawnee vorstellen. Sie wohnt mit ihrem frisch gebackenen Ehemann in einer kleinen Wohnung in einer kleinen Stadt, wo er Pastor einer kleinen Gemeinde mit kleinem Budget ist. Doch Shawnee hat große Träume und ist eine außergewöhnliche Erzählerin.

*Auf dem College arbeitete ich in der Abendschicht in unserer Mensa. Eines Abends, als ich sauber machte, fiel mir auf, dass ich alle übrig gebliebenen Puddingschüsseln nach Farbe und Form sortiert hatte. Ich fragte die Chefin danach, und sie sagte: »Ja, das machst du jeden Abend. Keine Ahnung, wieso, denn dem Pudding ist es völlig egal.«*

*Ich ging zurück in mein Zimmer im Wohnheim und stellte fest, dass ich zwar die Kleider in meinem Schrank farblich sortiert hatte, aber den Teppich nicht sehen konnte, weil überall Klamotten verstreut lagen. Und obwohl meine Vorlesungsmitschriften bis ins kleinste Detail organisiert waren, bekam ich die Mehrzahl meiner Hausarbeiten zurück mit einem Kommentar wie: »Diese Arbeit hätte eine glatte Eins verdient, wenn Sie sie nur im richtigen Semester abgegeben hätten.«*

*Nicht, dass ich nicht versucht hätte, die Sachen rechtzeitig abzugeben, aber ich war so damit beschäftigt, mir immer bessere Organisationsmethoden fürs Lernen oder für die Referate auszudenken, dass ich ganz vergaß, dass ich bis zu einem bestimmten Datum fertig werden musste.*

Haben Sie sich in irgendeiner dieser Geschichten wieder erkannt? Am liebsten würde ich jetzt Ihre ersten Erfahrungen mit dem Marthatum hören, besonders dann, wenn dabei ein vorzüglicher Käsekuchen im Spiel ist.

Stellen wir uns vor, Sie, ich und meine sechs Mit-Marthas sitzen in dem entzückenden Café namens Whistlestop zusammen, in das ich mich manchmal flüchte. Es befindet sich im ältesten Teil einer Kleinstadt in unserer Nähe, gleich gegenüber vom Bahnhof. Die

Innenwände sind blanke Ziegelmauern, die Holzdielen ächzen, und die Luft ist vom Duft von Kaffee und Kakao erfüllt. Auf hohen, bemalten Regalen sind Körbe, Töpferwaren, Geschenkdosen, Grünpflanzen und alte Bücher ausgestellt. Im Hintergrund erklingt sanfte Musik von akustischen Instrumenten. Wir müssen zwei Tische zusammenstellen und aufpassen, nicht die zu nehmen, an dem jeden Nachmittag die Stammgäste sitzen und ihre Zeitungen lesen oder Dame spielen.

Und jetzt die Preisfrage: Welcher Mit-Martha möchten Sie am liebsten gegenübersitzen?

- Ist es Lynn, die ihr Marthatum dadurch zum Ausdruck brachte, dass sie sich eine Autorität anmaßte, die ihr nicht zukam?
- Vielleicht fühlen Sie sich zu Teri hingezogen, die sich so gewissenhaft um ihre Besitztümer kümmerte.
- Vielleicht drängt es sie, Lori von Ihrer Leidenschaft zu erzählen, Dinge auf Papier aufzulisten.
- Ob Sie nun allein erziehend sind oder nicht, Sie können sich Sheryl gegenübersetzen und darüber reden, wie sehr sie eine geordnete Umgebung genießen.
- Wenn niedliche Geschichten und Gedankenspiele Sie langweilen, dann setzen Sie sich zu Deanna und unterhalten Sie sich über Fakten statt Gefühle. (Aber passen Sie auf Ihren Teller auf, falls Sie etwas Schokoladiges darauf haben – sie ist sehr flink mit der Gabel!)
- Wenn Sie lieber ausführliche Pläne für Projekte aufstellen, als die Projekte selbst durchzuführen, dürfen Sie sich auf eine lebhafte Diskussion mit Shawnee freuen.
- Und wenn Sie ganz besonders gestresst und überlastet sind, dann setzen Sie sich gleich zu mir.

# Von der Freude zum Schmerz – und wieder rückwärts

Ich habe meine Kinder auf natürliche Weise zur Welt gebracht.

*Na und?*, denken Sie jetzt vielleicht; denn Sie haben das auch getan. Und schon fangen die konkurrenzbewussten Marthas an unserem Tisch, die Mütter sind, damit an, sich gegenseitig mit ihren Mutternöten auszustechen.

»Ich hatte zwölf Stunden lang Wehen!«

»Das ist noch gar nichts! Ich habe sechsunddreißig Stunden lang während eines Schneesturms Höllenqualen gelitten.«

»Ha! Da kann ich noch drüber! Mir ist am Donnerstag die Fruchtblase geplatzt, und meine je neun Pfund schweren Zwillinge kamen erst am folgenden Dienstag zur Welt.«

Vielleicht danken Sie insgeheim dem Erfinder der Rückenmarks-anästhesie. Aber Sie müssen verstehen, warum es für mich schon so viel bedeutet, wenn ich sage, dass ich meine Kinder natürlich geboren habe: Ich bin ein *Jammerlappen.*

Ja, ich weiß – es passt nicht zu einer herrischen, alles platt walzenden Martha, in Bezug auf Schmerz ein Jammerlappen zu sein, aber bei mir ist es so. Ich kann mir noch nicht einmal ein Heftpflaster vom Arm abziehen, ohne durchs Haus zu tigern und vor Angst zu stöhnen, wenn ich daran denke, wie ich mir gleich die Haare aus dem Arm reißen werde. Meistens drücke ich mich feige davor und weiche das blöde Ding erst einmal in der Badewanne auf.

Die Richtung, die wir in diesem Buch gemeinsam einschlagen werden, ist gewissermaßen wie so ein Heftpflaster auf meinem Arm. Manchmal sind unsere krampfhaften Versuche, Dinge unter Kontrolle zu behalten, nur dazu da, irgendeine Verletzung oder Angst zu überdecken. Oder vielleicht auch nicht. Der einzige Weg, um das herauszufinden, ist, das Pflaster abzuziehen und zu schauen, was darunter ist – ich verspreche auch, dass ich es nicht einfach abreiße, sei es mit oder ohne Vorwarnung. Da ist es mir viel lieber, es erst einmal schön lange in einem warmen, humorvollen Buch einzuweichen.

Perfektionismus ist nicht immer ein schöner Anblick. Aber wissen Sie was? Wo immer eine Verletzung ist, da ist auch eine offene Tür für die Heilung. Jesus liebte Martha genauso sehr, wie er Maria liebte. Und auch *uns* liebt Jesus ebenso sehr wie unsere Genossinnen im ersten Jahrhundert – gestresst und perfektionistisch, wie wir sind! Je mehr wir uns selbst kennen lernen, desto mehr aufregende Wahrheiten werden wir entdecken, und eine davon ist, dass der Herr nicht etwa möchte, dass alle Marthas aufhören, Marthas zu sein, und stattdessen zu Marias werden. Sondern er möchte, dass wir unsere gottgegebenen Gaben auf gesündere und glücklichere Weise gebrauchen als je zuvor.

Nachdem uns dieses Kapitel (und unser imaginäres Treffen im Café Whistlestop) bestätigt hat, dass unsere Neigung zur Perfektion lebenslang ist, lassen Sie uns einen Schritt weitergehen und uns nach ihren möglichen Ursachen fragen. Ist Perfektionismus erblich? Oder umweltbedingt? Talkshowgeschwafel oder göttliche Wahrheit?

Vor allem aber, wird bei unserem nächsten Treffen im Café Whistlestop jemand anders die Rechnung bezahlen?

# Kapitel 6

# Die Martha des neuen Jahrtausends

In unserer Kultur waren die Frauen, die in den Siebzigern nach Frauenpower riefen (»Ich will alles, und zwar sofort!«), schon in den Achtzigern so weit, dass sie vor Erschöpfung nur noch gähnten (»Ich will schlafen, und zwar sofort!«). In ihrem 1986 erschienenen Buch über die Typ-E-Frau beschrieb die Psychiaterin Harriet Braiker die Belastungen von Frauen, die das Gefühl haben, für alle alles tun und sein zu müssen. Zwei Jahre später schrieb Ellen Sue Stern ihr Buch über »die unentbehrliche Frau«. Bin ich eine Typ-U-Frau? Sind Sie es? Unentbehrlichkeit erweist sich nach Ellen Sue Stern darin, dass Sie sich »übermäßig verfügbar und zugänglich machen ... ob Sie nun die Zeit, die Kraft oder die Neigung dazu haben oder nicht«.[23]

In den Neunzigern war *Sequencing* das Patentrezept für diese Krise des »Jederzeit-für-alles-Zuständigseins«. Damit waren Frauen in der Lage, ihren Schwerpunkt für genau festgelegte Zeitspannen zwischen Beruf und Familie hin und her zu verlagern. Doch so wunderbar, vernünftig und ausgewogen sich dieses *Sequencing* auch anhört, ich bin immer noch skeptisch. Denn es bedeutet nicht nur, dass wir unseren Stress über das ganze Leben hin strecken können statt nur über dreißig oder vierzig Jahre, sondern es impliziert auch, dass wir am Tag unseres Todes wirklich alles geschafft haben *sollten* – und zwar mit Bravour.

Ist das wirklich ein Fortschritt?

# Aus dem Fenster gelehnt

Ich glaube nicht an Reinkarnation. Es sei denn natürlich, die Rede ist von der Modeindustrie. Die hat es einfach drauf, jedes Kleidungsstück, das ich endlich aus meiner Garderobe ausgemerzt habe, plötzlich zum »unverzichtbaren Kernstück« der neuen Saison zu erklären (na ja, ich hätte sowieso keine Einlagen für meine Go-go-Stiefel mehr gekriegt). Aber was das kosmische Seelen-Recycling angeht, das schlucke ich einfach nicht.

Andererseits stimme ich König Salomo darin zu, dass es nichts Neues unter der Sonne gibt, einschließlich des Gestresstseins.

Viele christliche Frauen identifizieren sich heute vermutlich mehr mit Martha von Bethanien als mit jeder anderen biblischen Gestalt. (Oder wann haben *Sie* zum letzten Mal gesagt: »Königin Esther und ich haben so viel gemeinsam!«?) Diese spontane Verbundenheit mit Martha ist besonders erstaunlich, wenn man bedenkt, wie selten sie in der Bibel eigentlich vorkommt.

Warum sind Sie und ich die Marthas des neuen Jahrtausends?

Weil wir als perfektionistische christliche Frauen denken, fühlen und handeln, wie Martha es tat – es lastet zu viel auf uns, und wir werden zu wenig dafür geschätzt. Wir haben hohe Maßstäbe, wenig Kraft, wenig Zeit und keine Geduld. Chronisch am Rande des Burnouts, sind wir zu erschöpft um weiterzumachen, aber gleichzeitig haben wir zu viel Angst davor aufzuhören. Obwohl man uns als übereifrig bezeichnet, haben wir immer noch das Gefühl, wir *müssten*, *sollten* noch mehr für unsere Familien, unseren Beruf, unsere Gemeinden und unsere Kommunen tun. Vielleicht denken wir sogar, wenn wir uns wirklich Mühe geben würden, könnten wir die Kontinentalverschiebung aufhalten.

Die einzige Plattenverschiebung, von der Martha von Bethanien etwas wusste, hatte mit Speiseplatten zu tun. Dennoch war sie in ihrer Zeit und in ihrer Welt völlig überlastet! Wie würden sie und ihre Schwester Maria sich wohl in unserem Jahrtausend ausmachen? Ich könnte mir vorstellen, dass sie sich in einer Situation, die die meisten von uns schon einmal erlebt haben, folgendermaßen verhalten würden:

# Maria und Martha nehmen an einer Frauenfreizeit teil (in zehn einfachen Schritten)

## Schritt 1

Maria: Erhält Prospekt. Mag die hübschen Farben. Findet, dass die Frauen auf den Abbildungen aussehen, als würde es Spaß machen, sich mit ihnen zu unterhalten.

Martha: Erhält Prospekt. Kringelt die Druckfehler ein.

## Schritt 2

Maria: Ruft Freundinnen an und überredet sie alle, als Gruppe mitzufahren und in einem Zimmer zu übernachten.

Martha: Liest sich die Qualifikationen der Referentinnen durch, um zu sehen, ob sich die Teilnahmegebühr lohnt.

## Schritt 3

Maria: Schaut im Kalender nach und stellt fest, dass sie an dem Datum Putztag in der Gemeinde hat. Ruft die Koordinatorin an, um abzusagen, fühlt sich aber wirklich fürchterlich mies dabei (mindestens fünfzehn Sekunden lang).

Martha: Erhält als Koordinatorin mehrere Anrufe von Frauen, die für den Putztag in der Gemeinde absagen. Verbringt zwei Stunden am Telefon, um für Ersatz zu sorgen.

## Schritt 4

Maria: Meldet sich telefonisch für die Freizeit an und hofft, während sie ihre Kreditkartennummer vorliest, dass sie das Limit noch nicht überschritten hat. Aus Überschwang darüber, so viel an einem Tag erreicht zu haben, stellt sie schon einmal die Snacks und Gesellschaftsspiele zusammen, die sie mitnehmen möchte.

Martha: Druckt sich mit Hilfe des Internets eine Karte mit der schnellsten Route zu der Freizeit aus, einschließlich einer Beschreibung der klimatischen Verhältnisse während dieser Jahreszeit. Nachdem sie die Liste der Aktivitäten im Prospekt studiert hat, macht sie sich eine Liste der mitzunehmenden Kleidungsstücke (mit passenden Accessoires), um für jede Schwankung der Temperatur und Luftfeuchtigkeit gewappnet zu sein. Checkt ihren Kosmetikkoffer, der stets mit Toilettenartikeln im Reiseformat bestückt ist und eine Karteikarte enthält, auf der säuberlich ihre medizinischen Daten getippt sind. Nachdem sie ihre Kontoauszüge abgestimmt hat, füllt sie ihre Anmeldung aus und schickt sie ab, inklusive Aufpreis für ein Einzelzimmer.

## Schritt 5

Maria: Trifft mit ihren Freundinnen verspätet auf der Freizeit ein, weil sie bei jeder Pause unterwegs kleine Geschenke für ihre Lieben zu Hause gekauft, sich auf der Toilette unterhalten und witzige Schnappschüsse voneinander gemacht haben, als wären sie alle wieder Teenager.

Martha: Trifft allein auf die Minute pünktlich bei der Freizeit ein, stolz darauf, all ihre gemeindlichen Verpflichtungen erledigt zu haben, bevor sie losfuhr und ohne Pause einen Streckenrekord aufstellte.

## Schritt 6

Maria: Verbringt den Abend bis in die Puppen mit Gesellschaftsspielen und Gesprächen mit ihren Zimmerkameradinnen. Bevor sie einschläft, stellt sie noch ihren Wecker auf eine Stunde später, da sie beschlossen hat, auf das Haarewaschen zu verzichten und morgen stattdessen ihre Mickymaus-Baseballmütze zu tragen.

Martha: Sitzt abends noch lange an ihrem Laptop und tippt ihre Notizen von den Vorträgen des Tages ein, komplett mit Querverweisen. Checkt zweimal ihren Wecker, um sicherzugehen, dass sie am Morgen genug Zeit hat, sich ordentlich anzuziehen und zu frisieren, bevor jemand sie sieht.

## Schritt 7

Maria: Schläft die Nacht tief und fest durch.

Martha: Hat Probleme mit dem Einschlafen; muss immerzu daran denken, dass sie früh aufstehen muss.

## Schritt 8

Maria: Sieht Martha beim Frühstück gegenübersitzen, runzelt die Stirn und denkt: *Die Frau sieht aber verkniffen aus. ... Ob ich wohl für die Heimfahrt noch ein paar Käsestangen kaufen sollte?*

Martha: Sieht Maria beim Frühstück gegenübersitzen, hebt die Augenbraue und denkt: *Die Frau bewundert mich, aber so wie die aussieht, würde ich mich nicht in der Öffentlichkeit blicken lassen, es sei denn, ich hätte gerade eine schwere Operation hinter mir.*

## Schritt 9

Maria: Erzählt am nächsten Sonntag ihrer Bibelgruppe, was für eine herrliche Zeit sie alle auf der Freizeit hatten und wie sehr sie sich schon auf die nächste freut.

Martha: Entschuldigt sich am nächsten Sonntag bei ihrer Bibelgruppe, dass sie keine Zeit hatte, eine Multimedia-Präsentation vorzubereiten, und verteilt stattdessen gestochen scharfe Fotokopien ihrer ausformulierten Notizen von der Freizeit für diejenigen, die nicht dabei sein konnten (*oder*, denkt sie mit Blick auf Maria, *die dabei* waren, *aber nicht aufgepasst haben*).

## Schritt 10

Maria: Ist wie immer unter den Letzten, die das Gemeindehaus verlassen, weil sie sich hinterher immer so lange mit Leuten unterhält. Bevor sie geht, setzt sie sich noch auf einen stillen Moment allein in den Gebetsraum. Dort denkt sie über die Liebe Gottes zu ihr nach, die er dadurch ausgedrückt hat, dass er auf der Freizeit ihren Geist erfrischte und ihre Freundschaft mit anderen Frauen vertiefte.

Martha: Ist wie immer unter den Letzten, die das Gemeindehaus verlassen, weil sie als Koordinatorin verschiedener Dienste immer dringenden Papierkram in ihrem Fach vorfindet. Bevor sie geht, setzt sie sich allein ins Gemeindebüro, um die Details für die bevorstehenden Arbeitsgruppensitzungen in ihren Organizer einzutragen. Als sie den vertrauten Knoten der Angst in ihrem Magen verspürt, kommt Martha zu dem Schluss, dass die Frauenfreizeit sie nicht »erfrischt und gestärkt« hat, wie es der Prospekt versprochen hatte. Da es ungeistlich wäre, ihr Geld zurückzuverlangen, beschließt sie, selbst eine bessere Freizeit zu organisieren, und entwirft ein Memo an den Pastor, um ihm das Datum mitzuteilen, das sie dafür ausgewählt hat.

Okay, Sie haben Recht. Ich kann nicht garantieren, dass sich Maria und Martha in unserer heutigen Kultur *genau* auf diese Weise verhalten würden. Aber ich kann garantieren, dass Sie sich selbst in diesem Frauenfreizeit-Szenario zumindest ein bisschen wieder erkannt haben, wenn Sie eine Martha des neuen Millenniums sind. Mir geht es jedenfalls so. Aber was ist daran falsch? Wir sind nun einmal so, wie wir sind – viel beschäftigte, alles kontrollierende, übereifrige, rasch verurteilende, perfektionistische (bremse mich jemand!), fordernde O-Z-Typ-A-Christinnen. Diese extreme Verkniffenheit überspannt alle Kulturen und Epochen.

## Martha hat viele Namen

Wir wissen, dass es verschiedene Typen von Leuten gibt und dass sie sich von Natur aus zu ihren eigenen, kuscheligen Gruppen zusammenfinden. Es spielt auch keine Rolle, wie man sie nennt. Ökos und Schickimickis. Hippies und Yuppies. Liberale und Konservative. Marias und Marthas.

Was würde passieren, wenn man diesen Gruppen verkünden würde, dass es *falsch* sei, wie sie sind? Dass sie zum Gegenteil ihrer selbst werden müssen? Das würde einen Aufruhr geben! Einen Staatsstreich! (Ich würde es ja selbst verkünden, aber ich mache im Streckverband keine gute Figur.)

Als mir allmählich klar wurde, welche negativen Auswirkungen mein Marthatum sowohl auf mich selbst als auch auf die Überlebenden um mich her hatte, wusste ich, dass ich etwas dagegen tun musste. Aber die einzige Lösung schien zu sein, mich in eine Maria zu verwandeln. Igitt! Verglichen mit Martha war die doch eine absolute Schlaffi-Frau! Ein Weichei! Aber aus irgendeinem Grund schien das dem Herrn zu gefallen; also würde ich so werden müssen wie sie. Wen interessierte es schon, dass dieses Mariatum mir vollkommen gegen die Natur ging. Sie war die Schwester, der das Lob zuteil wurde, und das machte sie zu meinem neuen Vorbild. Und mich machte es todunglücklich.

Ich weiß noch, wie ich meine persönliche Stille Zeit jeden Morgen verlängerte. Das war meine Alibi-Routine, die ich als »zu Jesu Füßen sitzen« verbuchte, denn das war, wie ich annahm, das »Eine«, von dem Jesus Martha erzählt hatte. Was ich noch nicht entdeckt hatte, war, dass das »Eine« nicht etwas ist, was man tut, sondern eine Art und Weise, wie man ist; kein Ort, wo man hingeht, sondern ein Ort, von dem man ausgeht. Damals schaffte ich es vielleicht, körperlich stillzuhalten, aber meine Gedanken fuhren Karussell! Bildete ich mir wirklich ein, Gott merkte nicht, dass ich Hummeln im Hintern hatte? Dass mir diese selbst auferlegte Ruhe nur lästig war und ich die Minuten zählte, bis es vorbei war?

»Siehst du mich, Herr? *(Pute auftauen.)* Siehst du mich hier zu deinen Füßen sitzen? *(Briefmarken kaufen, Reifen umstecken lassen.)* Siehst du mich meine Bibel lesen und beten? *(Zahnarzttermine der Kinder verlegen. Da hinten in der Ecke sind Spinnweben ...)* Ich mache es wie Maria, nicht wahr? *(Mein großer Zeh juckt.)* Das hier ist ›das gute Teil‹, das ›Eine‹, das notwendig ist, oder nicht?«

Und dann, zack! – konnte ich diese Verpflichtung auf meiner Liste abhaken und mich angenehmeren Dingen wie Fensterputzen oder der Steuererklärung zuwenden.

Doch bei dieser Herangehensweise fühlte ich mich immer noch zerrissen und leer. Vielleicht kam es darauf an, den ganzen Tag über eine Maria zu sein, nicht nur früh am Morgen. Igittigitt! Aber wenn es das war, was Jesus wollte, dann konnte ich es wohl wenigstens versuchen.

Außerdem hatte mich eine gute Freundin schon oft daran erinnert: »MSWAP.« Das steht für »Menschen Sind Wichtiger Als Projekte«. Das hörte sich für mich ganz nach Maria an, so dass ich es mir als neues Motto zu Eigen machte. Ab sofort wollte ich ein Segen für all die Glückspilze um mich her werden.

In dieser Phase schob ich all meine Projekte und Aufgaben auf, bis ich absolut und zweifelsfrei sicher war, dass ich mit allen Menschen in meinem Leben (nett) geredet, ihnen (geduldig) zugehört, sie mit (gesundem) Essen versorgt und sie (endlich!) ins Bett gebracht hatte. Erst *dann* ließ ich die Martha in mir heraus und ging an die Projekte heran, an die ich den ganzen Tag gedacht hatte, ohne sie zu erledigen. Das Gute daran war, dass ich keinerlei Unterbrechungen mehr zu befürchten hatte. Das Schlechte war, dass eine Kleinigkeit dabei auf der Strecke blieb: der *Schlaf*.

Das Ergebnis? Ich verbrachte weniger Zeit mit Projekten, dafür mehr mit Menschen, und ich wurde mit jedem Tag stinkiger. Hmm. Das funktionierte auch nicht. Wo lag das Problem? Was war das »Eine«, das notwendig war?

Während meiner Monate des Übergangs zwischen Martha und Maria las ich die folgenden Worte: »Sie können jederzeit ins Martha-Sein driften. Dazu müssen Sie sich nur gehen lassen. Keine Frau ist jemals ins Maria-Sein gedriftet.«[24] Hey, das mit dem Gehenlassen kannte ich nur zu gut. Das war der schnellste Weg zur totalen Überlastung! Aber wie wurde man zu einer Maria? »Driften«, von wegen! Ich hatte versucht, dorthin zu *marschieren*, und hatte es nicht geschafft. Was machte ich falsch?

# Mach mal, Martha!

Manche meiner Dozenten auf dem College hatten ihre Lieblingsausdrücke. Wenn er auf das sichere Verderben einer Person anspielen wollte, sagte einer von ihnen immer: »Dem blühen Blumen und langsame Marschmusik.« Ein anderer konnte es sich nicht verkneifen, Wortspielchen zu machen, wenn von den Völkern im Alten Testament die Rede war: »Die Kanaaniter, die Jebusiter, die Hethiter und die Hektoliter. Nein, streichen Sie das Letzte.« Wieder ein anderer beantwortete Fragen der Studenten stets mit: »Die Antwort steht immer im Text. Schauen Sie in den Text.«

Also kam ich wieder auf den Text zurück, um herauszufinden, was ich bei meinem Bestreben, wie Maria zu sein, falsch machte. Ich schlug Lukas 10,38-42 in meiner Bibel auf und las von neuem:

Als Jesus mit seinen Jüngern weiterzog, kam er in ein Dorf. Dort nahm ihn eine Frau namens Martha gastlich auf. Sie hatte eine Schwester mit Namen Maria, die setzte sich zu Füßen des Herrn nieder und hörte ihm zu. Martha dagegen war überbeschäftigt mit der Vorbereitung des Essens. Schließlich trat Martha vor Jesus hin und sagte: »Herr, kümmert es dich nicht, dass mich meine Schwester die ganze Arbeit allein tun lässt? Sag ihr doch, dass sie mir helfen soll!« Der Herr antwortete ihr: »Martha, Martha, du machst dir so viele Sorgen und verlierst dich an vielerlei, aber nur eines ist notwendig. Maria hat die gute Wahl getroffen; sie hat sich für das unverlierbar Gute entschieden, das ihr nicht genommen werden kann.«

## Was tat Maria eigentlich?

1. Sie saß zu Jesu Füßen. (Ja ja, das hatte ich schon gemacht. Was jetzt?)
2. Sie hörte seiner Rede zu. (Ja ja, ich hatte schon eine Million Predigten intus. Was noch?)
3. Sie wählte das Gute.

Da hatte ich es. Nicht die ganze Antwort darauf, was das »Eine«
war, aber ein wichtiger Meilenstein, der mich der Antwort näher
brachte als je zuvor.

Wie hatte ich das übersehen können? Weil ich mir viel zu schaffen machte, genau wie Martha.

»Es gab einen Zeitpunkt in Marias Leben, an dem sie eine Wahl
getroffen hatte, und das hatte Martha nicht getan. Das ist der Unterschied. Maria hatte gewählt, und das ist immer der Unterschied zwischen einem Menschen, der mit Christus zufrieden ist, und einem,
der mit dem Leben unzufrieden ist.«[25] Ein entscheidender Teil meines
Problems war nicht das, was ich *tat*, sondern das, was ich *wählte*.

## Papier oder Plastik?

Jeder Mensch sieht einen Tag enden und einen neuen beginnen.
Nichts Besonderes. Dasselbe gilt für Wochen und Monate und Jahre.
Doch nicht sehr viele Menschen erleben den Wechsel zwischen zwei
Jahrhunderten. Noch weniger den zwischen zwei Jahrtausenden.[*]

Doch wenn Sie überlegen, wie endlos die Ewigkeit ist, dann sind
tausend Jahre kaum mehr als ein Atemzug. Und ein Jahrhundert
noch weniger. Verglichen mit diesem großen Panorama erscheinen
die unzähligen Entscheidungen, die wir Tag für Tag treffen, nun ja,
banal. Fast belanglos.

Zum Beispiel beim Einkauf. Spielt es wirklich eine Rolle, ob wir
dabei alte Jeans oder ein neues Kleid tragen? Ob wir eine große
oder eine kleine Packung Quark kaufen? Ob wir unsere Einkäufe in
Papier- oder in Plastiktüten nach Hause schleppen?[**]

[*] Obwohl der ganze Jahr-2000-Wahn sich als Ente entpuppte. Kein Stromausfall.
Keine Plünderungen. Kein dritter Weltkrieg. Bis zum heutigen Tag hat meine
Familie kaum etwas von unserem gehorteten Vorrat an Fünf-Minuten-Terrinen
verbraucht.

[**] Wenn Sie eine umweltbewusste Martha sind, verwenden Sie wahrscheinlich
Einkaufstaschen aus organisch angebauter Baumwolle, die Sie mit Tinte auf Soja-
basis mit Naturmotiven verziert haben. Aber Punkte dafür bekommen Sie nur,

Außerdem sind wir Marthas besser darin, Anweisungen zu geben, als darin, Entscheidungen zu treffen. Schon die Entscheidung, welche Dinge wir während der Mittagspause erledigen (oder nicht erledigen), fällt uns schwer. Am liebsten würden wir sie alle erledigen! Jesus sagte: »Nur eines ist notwendig.« Marthas denken: »Aber viele Dinge sind wichtig!« Für uns hat jede Minute ein Überangebot an Optionen. *Wichtig* wäre dieses, und dieses, und dieses, und dieses, und dieses, und dieses, und dieses.

Allmählich kommen wir dem »Einen« näher. Doch in der Zwischenzeit gibt es ein Werkzeug, das uns helfen kann, die beste Wahl unter vielen Möglichkeiten zu treffen.


## WWMD?

In letzter Zeit ist eine Mode aufgekommen, von der ich hoffe, dass sie uns lange erhalten bleibt. Ich meine die Sache mit »WWJD?«. Wir sehen diese Buchstaben auf T-Shirts, Armbändern, Autoaufklebern, Kaffeebechern; sogar als Gravur in Eheringen. Sie stehen für »What would Jesus do?« – »Was würde Jesus tun?« Das war die alles entscheidende Frage, an der jede Entscheidung in Charles Sheldons Klassiker *In seinen Fußstapfen* gemessen wurde.[*]

Das ist es, was wir brauchen. Irgendeine Messlatte, mit der wir all unsere Entscheidungen und »wichtigen« Dinge nach guten und schlechten, richtigen und falschen Entscheidungen unterscheiden können. Wäre das nicht befreiend? Denken Sie nur an den Druck und die Schuldgefühle, die wir dann los wären! Denken Sie an all die Zeit und Kraft, die uns das ersparen würde!

---

wenn Sie entweder mit dem Fahrrad oder mit dem Maultier einkaufen gehen. Autofahren verschmutzt die Luft und macht damit Ihre umweltschützerischen Bemühungen zunichte.

[*] Wenn wir in diesem Jahrtausend nicht genauso im Stress sein wollen wie im letzten, sollten wir vielleicht fragen: »Was würde Martha tun?« – und dann genau das Gegenteil tun.

Maria hatte einen solchen Filter.

Heute würden wir es *Fokus* nennen. Martha kam so ins Wirbeln, weil sie keinen Fokus hatte. Es ist schwer, auf irgendetwas zu fokussieren, wenn der Blick ständig eine Vielzahl von Dingen streift. Das ist, als ob wir unser Leben auf einem Karussell zubrächten.

Die beste Linse, die uns einen Fokus verschaffen kann, ist die Ewigkeitsperspektive. »Wir bauen«, so formulierte es Paulus, »nicht auf das Sichtbare, sondern auf das, was jetzt noch niemand sehen kann. Denn was wir jetzt sehen, besteht nur eine gewisse Zeit. Das Unsichtbare aber bleibt ewig bestehen.«[26] Maria hatte kein Neues Testament, aus dem sie dies hätte entnehmen können, aber dafür konnte sie mit eigenen Augen sehen, wie Jesus sich verhielt. Vielleicht zitierte er ihr sogar das alttestamentliche Gegenstück zu diesem Paulus-Zitat:

»Herr, lass mich erkennen, wie kurz mein Leben ist und wie viel Zeit ich noch habe; wie vergänglich bin ich doch! Wie begrenzt ist das Leben, das du mir gegeben hast! Ein Nichts ist es in deinen Augen! Jeder Mensch, selbst der stärkste, ist nur ein Hauch, der vergeht – schnell wie ein Schatten verschwindet er. Sein Tun und Treiben ist viel Lärm um nichts! Er häuft sich Reichtümer an und weiß nicht, was einmal daraus wird.«[27]

Der Lackmus-Test, mit dem wir entscheiden können, worauf wir fokussieren sollten, ist die schlichte Frage: »Welche Bedeutung hat dies im Licht der Ewigkeit?« Martha beantwortete diese Frage, indem sie ständig von einem zeitlichen Detail zum nächsten sprang. Maria beantwortete sie, indem sie sich Jesus zu Füßen setzte.

Ob es um ein Jahrtausend geht oder um einen einzigen Moment, auf den Fokus kommt es an. Wenn unser Fokus auf die Ewigkeit ausgerichtet ist, wird er weder nach Frauenpower schreien noch vor Erschöpfung gähnen.

Er wird befreit singen.

# Kapitel 7

# Persönlichkeitstyp
# oder Augenwischerei?

Haben Sie eine Vorstellung, wie viele Bücher über Persönlichkeitstypen es gibt?

Ich auch nicht.

Aber wahrscheinlich ist die Zahl so riesig, dass nicht einmal eine Perfektionistin wie ich sie alle auflisten könnte, selbst wenn ich mich nicht scheuen würde, eine Explosion meiner Internet- und Ferngesprächskosten und den Zorn etlicher Bibliothekare, die für die Literatursuche zuständig sind, zu riskieren. Und falls Sie noch nie einen zornigen Bibliothekar gesehen haben – glauben Sie mir, das ist kein schöner Anblick.

Wie auch immer, dieses ganze Kapitel über den Ursprung und die vielfältigen Verästelungen der diversen Lehren über Persönlichkeitstypen versuchte mir mehrere Male zu entkommen. Etwa so, wie ein riesiger, schleimbedeckter Unterseekrake aus einem paillettenbesetzten Abendkleid der Größe sechsunddreißig mit dazu passenden Schuhen zu entkommen versucht. Der Grund dafür ist dreifach: Erstens wird das Feld der Typologien mit jeder Stunde umfangreicher; zweitens wollte mein Perfektionismus alles in den Griff bekommen, vom ersten Smiley-Gesicht, das an eine Höhlenwand gekritzelt wurde, bis zu den neuesten Persönlichkeitstests im Internet, um es Ihnen hier knapp zusammengefasst zu präsentieren; und drittens sind gigantische Unterseekraken allergisch gegen Pailletten.

Es gibt Hunderte – nein, Tausende – von Buchtiteln, Tests, Audio- und Videokassetten, Seminaren, Arbeitsbüchern, Fragebögen und Kommentaren über Persönlichkeitstypen. Das Herrliche daran ist, dass wir einen Test, wenn uns sein Ergebnis nicht passt, einfach für unzulänglich erklären und einen anderen machen können. Das Blöde ist, dass dadurch die Selbsttesterei zu einer neuen Sucht werden und dazu führen kann, dass wir geradezu davon besessen sind, unseren Typ herauszufinden.

Deshalb lege ich Ihnen nun eine Zusammenfassung der Erkenntnisse über Persönlichkeitstypen vor, nicht chronologisch (wer würde es sich denn so einfach machen?), sondern von der *kompliziertesten* zur *einfachsten* Typologie geordnet.

## Ein (halbwegs) umfassender Überblick über die Persönlichkeitstypologien

Bis zu den zwanziger Jahren wurden Persönlichkeitsanalysen nur an Geisteskranken durchgeführt. Dann, von den späten zwanziger bis in die frühen vierziger Jahre, erfand der amerikanische Psychologe William Moulton Marston den ersten Lügendetektor und entwarf einen Temperament-Test. In dem Temperament-Test spielten vier Faktoren eine Rolle: Dominant (D), Initiativ (I), Stetig (S) und Gewissenhaft (G). Diese DISG-Methode wurde im zweiten Weltkrieg bei der Rekrutierung von Militärpersonal eingesetzt. Später fand sie Verwendung in der Wirtschaft. Was glauben Sie wohl, wie viele verschiedene Ergebnisse bei vier zu messenden Faktoren möglich sind? Vier? Sechzehn? Vierundsechzig? Versuchen Sie es mal mit *einer Million.* Das ist auch nicht weiter verwunderlich, wenn man bedenkt, dass die amerikanische Regierung sich dieser Methode bedient hat.

Ebenfalls in den Vierzigern kam der Myers-Briggs-Typen-Indikator (MBTI) auf, der auf der Persönlichkeitslehre des Schweizer Psychiaters C. G. Jung basiert. Er besteht aus vier Dimensionen. Die erste ist Extraversion (E) oder Introversion (I). Die zweite ist Sinnliche Wahrnehmung (S) oder Intuition (N). Die dritte ist Denken (engl. thinking; T) oder Fühlen (F). Die vierte ist Beurteilung (engl. judging; J) oder Wahrnehmung (engl. perception; P). Im Gegensatz zu den Millionen möglichen Ergebnissen wie bei DISG gibt es beim MBTI nur sechzehn: ISTJ, ISTP, ESTP, ESTJ, ISFJ, ISFP, ESFP, ESFJ, INFJ, INFP, ENFP, ENFJ, INTJ, INTP, ENTP und ENTJ. Ich weiß nicht, wie es Ihnen geht, aber ich bin nicht begeistert davon, mit einem Temperament etikettiert zu werden, das sich anhört wie eine Kurzwellenstation.

Noch enger sind die vier Temperamente, von denen die meisten von uns schon gehört haben: Sanguiniker, Choleriker, Melancholiker und Phlegmatiker. Manche sagen, diese Einstufung hätte ihre ersten Ursprünge in Astrologie und Okkultismus. (Ooo!) Wir wissen, dass Hippokrates diese Begriffe benutzte, sie aber mit Körperflüssigkeiten in Verbindung brachte, die das Verhalten beeinflussten. (Igitt!) Die populären christlichen Autoren Tim LaHaye und Florence Littauer haben stapelweise Bestseller über Temperamente geschrieben, denen die vier hippokratischen Kategorien zugrunde liegen, doch beide lösten diese Verbindung zwischen Körperflüssigkeiten und Verhalten auf.* Wenn man nach diesen vier Kategorien geht, besaß meine Kollegin Teresa, die Sie im ersten Kapitel kennen gelernt haben, starke cholerische Züge, zum Beispiel eine voranpreschende Entschiedenheit (»Mach es jetzt!«). Ich besaß starke melancholische Züge, zum Beispiel einen detailversessenen Perfektionismus (»Mach es richtig!«).

In jüngerer Zeit modifizierten die christlichen Bestseller-Autoren Gary Smalley und John Trent die hippokratischen Kategorien zu den auf Tieren basierenden Temperamentbeschreibungen des Otters (verspielt), des Löwen (das Kommando ergreifend), des Bibers (detailversessen) und des Golden Retrievers (loyal). Teresa brüllte, ich nagte Stöckchen, und wir beide hatten Spritzen gegen Aggressivität nötig.

Aber selbst bei diesen letzten beiden Typologien haben wir vier mögliche Persönlichkeitskategorien, und das sind doppelt so viele, wie wir schwarz-weiß-denkenden Marthas brauchen.

---

* Obwohl diese Sache mit PMS und Wassereinlagerung, die der (männliche) Herr Doktor Hippokrates bequemerweise übersah, vielleicht etwas für sich hat.

# A bringt's

In den siebziger Jahren verkündeten zwei angesehene Namen weithin hörbar eine neue Botschaft. Nein, es waren nicht Sonny und Cher. Es waren auch nicht Simon & Garfunkel. Es waren Friedman und Rosenman. Diese beiden medizinischen Forscher fanden, die Welt hätte schon genug Folksongs, und wandten ihre Aufmerksamkeit dem Zusammenhang zwischen Persönlichkeitszügen und Herzerkrankungen zu. Von ihnen stammen die Etikettierungen der Typ-A- und Typ-B-Persönlichkeit. Friedman und Rosenman sagten, die Hälfte der Amerikaner sei Typ A, etwa vierzig Prozent Typ B. »Die A-Typen sind für Herzerkrankungen anfällig. Sie unterscheiden sich von den lockeren, entspannten B-Typen darin, dass sie zum Wettbewerb neigen und erfolgsorientiert, aggressiv, feindselig, ungeduldig und von der Uhr getrieben sind.«[28]

Wenn Maria und Martha von Friedman und Rosenman getestet würden, raten Sie mal, welche der beiden Schwestern wohl Typ A wäre?

Die Einstufung nach Typ A und Typ B hat sich bis in unser Jahrhundert erhalten.

Dr. Richard Swenson schlägt allerdings eine Variante vor. Er spricht von hochgradig produktiven Personen (HPP) und hochgradig sensiblen Personen (HSP).

HPPs packen typischerweise zu viel in ihr Leben hinein, bis »ihnen nichts mehr übrig bleibt als zusammenzubrechen und auszubrennen«.

HSPs »zahlen für fast alles einen höheren emotionalen Preis. Es ist, als wären die Lautsprecher der Welt für sie immer eingeschaltet. Sie sind schneller erschöpft.«[29]

Wenn wir Maria und Martha nach HPP/HSP testen würden, raten Sie mal, welche Schwester welchem Typ zuzuordnen wäre?

| HPP | HSP |
|---|---|
| Erreichen viel | Haben ein waches Gespür für menschliche Disharmonie und Unbehagen |
| Haben eine bemerkenswerte Arbeitsmoral | Können ungesellig wirken |
| Zeigen Mangel an guten Warnsignalen | Brauchen länger, um sich von sozialer Interaktion zu erholen |
| Stellen unrealistische Ansprüche an andere | Sind oft kreativ |
| Akzeptieren andere aufgrund von Leistung | Sind anfälliger für Überladung |

## Der springende Punkt

Von über einer Million Ergebnissen beim DISG-Test bis hin zu nur noch zwei Typen beim Friedman-Rosenman-Modell bleibt eine unleugbare Tatsache bestehen. Die Leute lieben es, sich selbst zu studieren!

Das Problem dabei ist, dass dies zu einer ungesunden Beschäftigung mit sich selbst führen kann. »Wie denke *ich*? Wie fühle *ich*? Was will *ich*?« Eine weitere Folge kann sein, dass es einem quasi schwarz auf weiß die Rechtfertigung für unangebrachtes Verhalten liefert. »Erwarten Sie nicht von mir, dass ich pünktlich zur Arbeit komme – mein Temperament verträgt keine starren Strukturen!«

Trotzdem, nur weil manche Leute Persönlichkeitstests missbrauchen, muss man sie noch lange nicht abschaffen. Das wäre so, als wollte man alle Schmerzmedikamente abschaffen, nur weil manche Leute süchtig nach ihnen werden – ein beängstigender Gedanke für jeden, der schon einmal eine Operation über sich hat ergehen lassen! Richtig angewandt, haben die zuverlässigen Tests durchaus ihre Berechtigung und können uns helfen, mehr Rücksicht auf diejenigen zu nehmen, mit denen wir zusammenleben.[30] Ich werde nie vergessen, was für ein Kronleuchter mir aufging, nachdem ich an einem Kurs über Temperamente teilgenommen hatte. Endlich wurde ich schlau aus einer Person, mit der ich jahrelang immer wieder aneinander geraten war! Nachdem ich erst einmal mich selbst und diese andere Person ein bisschen besser verstand, konnte ich aufhören, über unsere Unterschiedlichkeit wütend zu sein. Danach hatten wir beide mehr Verständnis füreinander und konnten uns gegenseitig besser unterstützen.

## Ein radikaler Vorschlag

Viele der Marthas, die ich kenne, haben eine »solide christliche Erziehung« genossen. Als Kinder gewannen einige von ihnen Preise beim Bibelquiz oder beim Auswendiglernen von Bibelversen. Als junge Erwachsene gingen dieselben Marthas auf die Bibelschule oder aufs Predigerseminar. Dort mussten sie vermutlich ein persönliches Glaubens-Statement verfassen, um ihren Abschluss zu machen. Und die Professoren benoteten dabei nicht die Eleganz der Gedankenführung. Sie benutzten eher eine Güterwaage. Je schwerer das fertige Produkt, desto besser die Note. Ich bekam eine Eins plus für meine Arbeit, indem ich zu *allem* eine biblische Stellungnahme formulierte. »Wasser ist nass«, mit 1.398 Schriftverweisen, die diese Aussage belegten. So schloss ich mit dem Gefühl ab, die Bibel gemeistert zu haben. Ich war so vertraut mit der Heiligen Schrift, dass es schon albern erschien, noch darin zu lesen – so, als ob man in seiner Heimatstadt den Stadtplan studiert.

Deshalb möchte ich jetzt vorschlagen, etwas wirklich Verrücktes und Radikales zu tun. Etwas, das Sie sich nicht einmal in Ihrem ersten Jahr im Studentenwohnheim getraut hätten, als Sie Ihrer Freundin ihre Wassermolche aus dem Terrarium entführten – und ihr raffinierte Lösegeldforderungen schickten, bis die Sache nach hinten losging, als die Molche aus Ihrer Kommode flüchteten und dem Wassergeruch nach in Richtung Dusche krochen, unterwegs austrockneten und auf dem Flurteppich kleben blieben, wo sie zufällig von jemandem entdeckt wurden, der törichterweise nachts ohne Pantoffeln unterwegs war. (Nicht, dass mir das je passiert wäre.)

Wie auch immer, der wilde, verrückte, total radikale Vorschlag, den ich in Sachen Persönlichkeitstyp machen möchte, ist, dass wir wieder einmal unsere Bibel und unser Denken öffnen – *und zwar beide zur gleichen Zeit!* Der Grund ist, dass die Persönlichkeitstests und die Art und Weise, wie wir über sie denken, sich ständig verändern. Daraus ergibt sich das Bedürfnis nach einer zuverlässigen Erkenntnisquelle, die sich nicht verändert.

### Annahme Nr. 1: Gott ist der Schöpfer

»Am Anfang schuf Gott Himmel und Erde.« »Durch den Glauben erkennen wir, dass die Welt durch Gottes Wort geschaffen ist, so dass alles, was man sieht, aus nichts geworden ist.« »Du [Gott] hast alles erschaffen. Nach deinem Willen entstand die Welt und alles, was auf ihr lebt.«[31]

So weit, so gut.

### Annahme Nr. 2: Gott liebt jeden Menschen gleich

»Denn der HERR, euer Gott, ist der Gott aller Götter und der Herr über alle Herren, der große Gott, der Mächtige und der Schreckliche, der die Person nicht ansieht und kein Geschenk nimmt.« »Petrus begann zu sprechen: ›Wahrhaftig, jetzt begreife ich, dass Gott keine Unterschiede macht!‹« »Denn es ist kein Ansehen der

Person vor Gott.« »Gott ... hat Geduld mit euch und will nicht, dass auch nur einer von euch verloren geht. Jeder soll Gelegenheit haben, vom falschen Weg umzukehren.«[32]

Immer noch so weit, so gut.

## Annahme Nr. 3: Gott hat die Menschen unterschiedlich erschaffen

Jetzt wird es knifflig.

Schon bei den ersten Menschen, die auf diesem Planeten atmeten, brachte Gott die Vielfalt ins Spiel. *Warum?* Ich habe keine Ahnung – zumal er sich damit nichts als Ärger eingehandelt zu haben scheint.

Allein im ersten Buch Mose gibt es genug persönliche Konflikte, um eine Fernsehserie auf Jahre hinaus mit Stoff zu versorgen. Die Differenzen zwischen Kain und Abel führten zum ersten Mord. Ismael und Isaak wurden zu Vorreitern des arabisch-israelischen Konflikts, der bis heute andauert. Der Streit zwischen Jakob und Esau begann schon im Mutterleib und dauerte Jahrzehnte an. Josefs zehn ältere Brüder fanden ihn so abscheulich, dass sie gewalttätig wurden. Auch Frauen blieben nicht von diesen Persönlichkeitskonflikten verschont. Die Rivalität zwischen Lea und Rahel um die Zuneigung ihres Vaters und später ihres Ehemanns liest sich wie eine Seifenoper.[33]

Falls Sie noch nicht die ganze Bibel gelesen haben, lassen Sie mich Ihnen versichern – diese Holperigkeit der menschlichen Beziehungen bleibt bis zur letzten Seite erhalten.

Im Neuen Testament litt selbst die enge Freundschaft zwischen dem Apostel Paulus und Barnabas unter ihrer scharfen Meinungsverschiedenheit darüber, ob Markus geeignet sei, mit ihnen zusammenzuarbeiten, oder nicht.[34]

Auch Maria und Martha, von denen ebenfalls im Neuen Testament berichtet wird, hatten ihre Konflikte. Na ja, okay, Maria mag davon gar nichts bemerkt haben, aber Martha hatte genug Konflikte für alle beide.

# Was ist mit »den anderen«?

Täglich geraten wir mit Leuten aneinander, deren Denkweise, Vorlieben und Prioritäten mit unseren hart zusammenprallen. Es ist schon erstaunlich, wie viele Leute es offenbar völlig in Ordnung finden, Abfall in den Gelben Sack zu stecken, ohne ihn vorher zu säubern und zu sortieren. Oder eine Mahlzeit zu servieren, in der nur drei der vier wichtigsten Nahrungsmittelgruppen vertreten sind. Oder zu einer dunklen Strumpfhose weiße Schuhe zu tragen.

Wie sollen wir mit solchen ... solchen Leuten zurechtkommen?

Wie Marmor und Goldfäden.

Als König Salomo daranging, einen Tempel für Gott zu erbauen, verlangte er, dass dabei nur hoch qualifizierte Arbeiter zum Einsatz kamen.[35] Zum Bau wurden Holz, Metall und Stein verwendet. Ihre Stärke war notwendig, um der Struktur Halt zu geben. Doch ebenso notwendig waren feine Stoffe in Lila, Blau und Rot. Ihre Weichheit wurde gebraucht, um Farbe, Ruhe und Schönheit hinzuzufügen und so zur Anbetung zu führen.

Heute baut Christus seine Gemeinde. Nicht aus billigen, effizienten Betonklötzen, sondern aus Menschen – Menschen verschiedenster Art.[36] Christus wählt sowohl die Natur als auch den Gebrauch jedes Materials aus. Manche Marthas sind wie kostbarer Marmor – fest und in der Lage, unglaublichem Druck standzuhalten. Manche Marias sind wie feine Goldfäden, in Leinen gewirkt – ohne sie würden sich Weichheit, Schönheit und Anbetung auflösen. Beide sind von wesentlicher Bedeutung.

Uns selbst mit anderen zu vergleichen ist mehr als unklug. Es ist Unrecht.[37]

Paulus schrieb: »Darum lasst uns dem nachstreben, was zum Frieden dient und zur Erbauung untereinander.«[38] Wenn wir verstehen, wie wir selbst und andere Menschen ticken, dann *kann* das dem Frieden und der Erbauung untereinander dienen. Doch verurteilendes Vergleichen bewirkt keins von beiden – und dazu brauchen wir auch keinen Test.

Halten wir uns im Stillen die folgenden Worte vor Augen, wenn wir in Versuchung sind, gegenüber den Typ-B-Marias in unserem Leben aus der Haut zu fahren:

> Von diesem Tag an habe ich dich und alles an dir, was anders ist als ich, an die Allmacht Gottes abgegeben. Also nur zu. Trag ruhig weiße Schuhe zu dunklen Strumpfhosen; meinen Segen hast du. Ich verspreche, dass ich kein Wort dazu sagen werde. (Es sei denn, dir hängt eine Schleppe aus Klopapier aus einem Schuh heraus.)

## Okay, aber was wird aus uns?

Es wäre ein Widerspruch zu glauben, dass der liebende Gott, der uns geschaffen, uns erlöst und uns ein überfließendes Leben versprochen hat, gleichzeitig von uns erwartet, dass wir immerzu in Erschöpfung, Angst und Stress leben. Darin liegt keine Erlösung. Keine Freude. Jesus hat gewiss nicht so gelebt.

Irgendwo ist etwas schief gelaufen. Unsere wunderbaren Qualitäten, die Gott zu seiner Herrlichkeit und zu unserem Nutzen erschuf, sind durcheinander geraten. Statt diese Gaben nach den Weisungen des Herstellers einzusetzen, haben wir sie genommen und das Gaspedal bis zum Bodenblech durchgetreten wie ein Haufen Sonntagsrennfahrer auf dem Nürburgring.

Die folgende Tabelle enthält eine Liste (!) von Martha-Zügen, die nach hinten losgegangen sind, so dass wir uns nun Hals über Kopf vor ihnen in Deckung bringen müssen. Sie illustrieren perfekt Florence Littauers Bemerkung, dass eine Stärke, die ins Extrem getrieben wird, sich in eine Schwäche verwandelt.

| *Von Gott geschenkte Gabe* | *Ins Extrem getriebenes Verhalten* |
|---|---|
| 1. Fähigkeit, Details zu bemerken | Ablenkung durch Kleinigkeiten |

| Von Gott geschenkte Gabe | Ins Extrem getriebenes Verhalten |
| --- | --- |
| 2. Leitungsbefähigung | Herumkommandiererei |
| 3. Urteilsvermögen | Verkniffenes Verurteilen anderer |
| 4. Neigung zur Ordnung | Kleinkarierte Starrheit |
| 5. Zielorientiert | Projektbesessen |
| 6. Starke Arbeitsmoral | Workaholismus |
| 7. Hohes Verantwortungsgefühl | Endlose falsche Schuldgefühle |
| 8. Streben nach hervorragender Leistung | Perfektionismus |
| 9. Talent zur Analyse und Einschätzung | Ständige Kritisiererei |
| 10. Fähigkeit zum Fokussieren | Tunnelblick |
| 11. Fähigkeit zum Multitasking | Chronische Hektik |
| 12. Beharrlichkeit | Blindheit für Grenzen |
| 13. Gesundes Selbstbewusstsein | Arroganz oder Minderwertigkeitsgefühle |
| 14. Opferbereitschaft | Märtyrerkomplex |
| 15. Antrieb, ein Projekt durchzuziehen | Burnout |
| 16. Optimismus für Verbesserungen | Unrealistische Erwartungen |
| 17. Logisches Denken | Fehlendes Gespür für Emotionen |
| 18. Streben nach Glück anderer | Leistungsfalle |
| 19. Selbstbeherrschung | Unterdrückte Emotionen |
| 20. Hervorragendes Gedächtnis | Nachtragendes Wesen |
| 21. Empfindlichkeit gegen Sünde | Ständige Selbstgerechtigkeit |
| 22. Robuste Gesundheit | Unduldsamkeit gegenüber Schwachen |
| 23. Schlagfertigkeit | Beißender Sarkasmus |
| 24. Unabhängigkeit | Isolation |

Sage ich also zum Beispiel, dass wir automatisch Workaholics sind, wenn wir eine starke Arbeitsmoral haben? Nein. Was ich sage, ist, dass wir, wenn wir uns nicht ständig an Gott orientieren, um unsere Gaben innerhalb gesunder Grenzen zu gebrauchen, in den Stress stürzen können, in dem Martha von Bethanien unterzugehen drohte. Dann werden sich unsere wunderbaren von Gott geschenkten Qualitäten in ihr eigenes Zerrbild verwandeln. Statt Perlen an einer Schnur werden aus ihnen die Glieder einer schweren Kette, die wir eigentlich nie tragen wollten.

Erinnern Sie sich noch an Teresa, meine ehemalige Kollegin aus dem ersten Kapitel? Kürzlich trafen wir uns zum Frühstück, um uns darüber zu unterhalten, wie extrem wir früher waren, und ich brachte ihr die Rohfassung dieses Kapitels mit, damit sie es lesen konnte. Sie lachte, als sie unsere Aufräumorgie in dem Lagerraum von neuem durchlebte.

»Oh! Die Bowlingkugel hatte ich ganz vergessen!«, sagte Teresa. »Und wie wir den Müll nachts hinausgeschleppt haben, damit niemand uns aufhalten konnte.«

»Weißt du«, sagte ich, »es ist ein Wunder, dass man uns anmaßende Erfolgsnudeln nicht gleich an die frische Luft setzte. Diese weichen B-Typen, mit denen wir damals zusammenarbeiteten, müssen uns entsetzlich nervig gefunden haben – und das mit Recht.«

Sie nickte zustimmend. »Ich weiß! Kannst du glauben, dass wir so verkniffen waren?«

»Heute kommt mir das alles vor wie ein böser Traum.«

Dann, als Teresa die obige Liste der extremen Martha-Verhaltensweisen las, gab sie ständig Laute von sich wie »Autsch!«, »Ooo!« und »Das sitzt!«

Nach einer nachdenklichen Pause beugte sie sich über den Café-Tisch und fragte: »Debi, waren wir wirklich so schlimm?«

»Und ob.«

»Warum?« Sie beugte sich noch näher zu mir. »Warum haben wir uns so gepuscht?«

»Aus vielerlei Gründen«, sagte ich und winkte dem Kellner, unsere Kaffeetassen neu zu füllen.

## Eins zwei drei, wer kriegt die Schuld?

Die nächste halbe Stunde oder so verbrachten wir damit, über die Faktoren zu sprechen, die zu unserem früheren extremen Lebensstil beigetragen hatten. Natürlich wurden erst einmal die üblichen Verdächtigen vernommen.

| | | |
|---|---|---|
| 1. *Gott* | Er hat uns so geschaffen. | |
| 2. *Der Teufel* | Alles, was in unserem Leben schief geht, hat seinen Grund in einer satanischen Verschwörung, einschließlich der Tage, wo die Haare nicht sitzen. | |
| 3. *Unsere Eltern* | Denn Schuld ist dicker als Wasser. | |
| 4. *Die Medien* | Eine globale Verschwörung zur Unterminierung der Zivilisation, in ihrer heutigen Form, und zu unserer Versklavung an die Konsum-Mogule. Batterien nicht eingeschlossen. | |
| 5. *Die populäre Kultur* | Speist den »Verbrenne-im-Glanz-der-Herrlichkeit«-, »Nimm-dein-Schicksal-in-die-Hand«-, »Alles-haben«-, »Alles-sein«-Mythos. | |
| 6. *Die christlich-gesetzliche Subkultur* | Verurteilt säkulare Workaholics, aber applaudiert »unermüdlichen Dienern«. (Nur nicht zu viel, damit diese Diener nicht stolz werden und dann Gemeindezucht brauchen.) | |
| 7. *Wir selbst* | I wo. | |

Der einzige »Verdächtige«, den wirklich keine Schuld trifft, ist Gott. Er ist *immer* gut, sowohl in seinem eigenen Charakter als auch gegenüber seinen Kindern.

Wenn wir schnippisch, verurteilend oder lieblos sind und dann sagen: »Ich kann nichts dafür, Gott hat mich so gemacht«, dann ist das eine Ausflucht. Unser himmlischer Vater hat seine Töchter nicht dazu geschaffen, gereizt und ungeduldig durchs Leben zu stampfen, Leute mit Kritik und an Bedingungen geknüpfter Liebe niederzumähen oder unsere Gesundheit für unausgegorene Projekte zu opfern, die sowieso keinen Bestand haben.[39]

Was die anderen sechs »Verdächtigen« angeht, so lässt sich die Schuld zwischen ihnen beliebig hin und her schieben. Aber dieses Schuldkarussell bedeutet, dass wir uns in alle Richtungen bewegen, nur nicht vorwärts, und vorwärts ist, glaube ich, die Richtung, in die Gott uns führen möchte. Nicht in Stolz auf oder Scham über unser Marthatum, sondern in eine freiwillige Abhängigkeit von ihm.

# Kapitel 8

# Die schlimmste Sünde

Es gibt Dinge, ohne die die Welt besser dran wäre.

Ich habe angefangen, eine Liste aufzustellen, aber je länger sie wurde, desto mehr habe ich mich aufgeregt. Bei Punkt 9.842 (zur Essenszeit ausgestrahlte Werbespots fürs Pedikürestudio, komplett mit Bildern von entzündeten Ballen) musste ich wegen Atemnot aufhören. Aber machen wir es kurz:. Die schlimmste Sünde sind Freizeitanzüge.

Wenn Sie zu jung sind, um sich an Freizeitanzüge zu erinnern – ich meine das Original als Polyesterstrick –, schauen Sie sich Wiederholungen von alten Folgen von *Drei Jungen und drei Mädchen* oder *Starsky und Hutch* an. (Sehen Sie die dicken, dichten Stoffe? Sehen Sie die breiten Revers? Sehen Sie die langen, spitzen Kragen? Diese Anzüge wurden von Stunt-Doubles getragen. Die echten Schauspieler saßen derweil im Flanell-Pyjama in ihrem Wohnwagen.) Allein die Fernsehshows, die ihre Darsteller in endlose Bahnen psychedelischen Polyesters einkleideten, sind verantwortlich dafür, dass unzählige Millionen, die doch nur »wunnebar« aussehen wollten, an pickeligem Ausschlag litten.

Das Einzige, was noch schlimmer war, als einen Mann in einem Freizeitanzug zu sehen, war es, wenn er eine *Krawatte* dazu trug. Wenn in tausend Jahren die Archäologen eine Zeitkapsel ausgraben und darin einen Freizeitanzug aus Polyester finden, werden sie zu Recht schlussfolgern, dass es sich dabei um ein Folterinstrument handelt.

Außerdem, ist Freizeitanzug nicht ein Widerspruch in sich? Falls er für Männer erfunden wurde, die nicht in der Lage sind, zwischen

Arbeit und Freizeit zu unterscheiden, dann ist der Salonlöwe der einzige Beruf, für den er geeignet ist. (Goldkettchen und Brusthaar-Toupets gehen extra.)

Mein Puls beschleunigt sich schon wieder. Vielleicht sollten wir lieber darüber reden, was auf Ihrer Hitliste steht. Vielleicht mögen Sie ja Freizeitanzüge aus Polyester, können aber dafür Gartenzwerge nicht ausstehen. Vielleicht mögen Sie die niedlichen kleinen Gartenskulpturen, aber Polkamusik macht Sie wahnsinnig. Vielleicht legen Sie gerne mal eine kesse Sohle aufs Parkett, können es aber nicht ausstehen, wenn eine Reihe von Sätzen mit dem Wort »vielleicht« anfängt.

Es wäre sinnlos, sich darüber einigen zu wollen, was die schlimmste Sünde der Welt ist. Das ist so, als ob man darüber debattiert, wie viele Chorleiter auf einem Stecknadelkopf tanzen können, eine Frage, die zu mehr Gemeindespaltungen geführt hat, als das Gesangbuch Seiten besitzt.[*] Statt darüber zu streiten, welche Sünde die schlimmste war, lassen Sie uns lieber darüber reden, welche die erste war. Was, glauben Sie, war die erste Sünde?

1. Der verlockende, aber trügerische Werbespot, den Satan produzierte, um Eva in Versuchung zu führen. (»Bestellen Sie jetzt und sichern Sie sich einen lebenslangen Vorrat an Reue – *absolut kostenlos!*«)
2. Dass Adam und Eva von der verbotenen Frucht aßen, ohne sich vorher die Hände zu waschen.
3. Luzifers Rebellion gegen Gott vor der Erschaffung der Welt.

Wenn Sie jetzt an den Apfel denken, vergessen Sie's. Die erste Sünde wurde nicht von einem Menschen in einem Garten begangen, sondern von einem Engel im Himmel.

Sünde ist, wie wir wissen, alles, was hinter absoluter Heiligkeit zurückbleibt. Mir scheint, dass eine gewaltsame Rebellion gegen

---

[*] Nur noch übertroffen von der häufigsten gemeindespaltenden Streitfrage: »Gilt Zehenwippen als Tanzen?«

den Allmächtigen in diese Kategorie fallen dürfte. Ergo war das Erste, was hinter Gottes Heiligkeit zurückblieb, Luzifers Anmaßung, sich über den Höchsten erheben zu wollen.

## Diese erste Sünde ist ein Hammer

Jeder Stern hat einen Namen, aber Engel sind ohne Zahl. Drei von ihnen werden in der Bibel immerhin namentlich genannt: Gabriel (der die Empfängnis von Johannes dem Täufer und Jesus bekannt gab), Michael (ein kämpferischer Erzengel) und Luzifer (ein Engel mit Eleganz und musikalischem Talent).[40] Sie glauben mir nicht? Dann lesen Sie Gottes Monolog über den berüchtigsten aller gefallenen Engel:

> Du lebtest in Eden, dem Garten Gottes, und trugst Edelsteine jeder Art: Beryll, Topas und Jaspis, Chrysolith, Karneol und Onyx, Saphir, Rubin und Smaragd. Deine Ohrringe und Ketten waren aus Gold geschmiedet, ich schmückte dich mit ihnen an dem Tag, als ich dich schuf.
> Deine Pracht ist herunter zu den Toten gefahren samt dem Klang deiner Harfen.[41]

Luzifer, dessen Name so viel wie »Lichtträger« bedeutet, mag nach außen hin ein strahlender Cherub gewesen sein. Innerlich jedoch war er ein aufsässiger Kriecher, der insgeheim vor Widerwillen kochte, während er »Heilig, heilig, heilig« sang. Schließlich sprach er die Worte aus, die Himmel und Erde für immer veränderten: »Ich will auffahren über die hohen Wolken und gleich sein dem Allerhöchsten.«[42] Damit löste er einen heiligen Krieg aus, in dem jeder Engel sich für eine Seite entscheiden musste. Als die himmlische Auseinandersetzung endete, hatten die Engel mit den weißen Hüten gewonnen. Seither sinnen Luzifer und seine Gesellen auf Rache.

Und das ist der Punkt, an dem es für uns Marthas interessant wird. Als Luzifer sagte: »Ich will gleich sein dem Allerhöchsten«, da beging er nicht nur die erste Sünde gegen Gott, von der wir wissen. Er wurde auch zum ersten Perfektionisten.

Meine Güte. Ich hätte nicht gedacht, dass Perfektionismus *so* schlimm ist, aber wahrscheinlich habe ich auch noch nie darüber nachgedacht, wo er herkommt.

Aber wenn wir uns einig sind, dass ein Perfektionist jemand ist, der Vollkommenheit will, dann ist Luzifer der Erste gewesen. Vollkommenheit, mit all ihrer Macht und Herrlichkeit, ist genau das, worauf er am meisten erpicht war. Und er hatte sie auch noch direkt vor Augen: echte, makellose, herrliche, reine Vollkommenheit – und sie gehörte ganz und gar Gott allein.

Die Bibel gibt uns keine Zeitangaben für die vergangene Ewigkeit, so dass wir nicht wissen, wie viele Minuten (oder Jahrtausende) Luzifer wartete, bevor er rebellierte. Aber er beobachtete die Vollkommenheit lange genug, um eines zu wissen: Man konnte sie nicht stehlen. Man konnte sie nicht erschaffen. Aber man konnte sie fälschen.

## Die Lüge besteht zu neun Zehnteln aus Wahrnehmung

Fälschungen »funktionieren« nur, wenn sie so aussehen wie das Original. Versuchen Sie einmal, Ihrem Bankkassierer einen Stapel Hunderter mit dem Abbild von Bugs Bunny darauf anzudrehen. Hinterher können Sie von Ihrer Gefängniszelle aus Ihr Fernsehdebüt in der Reihe *Die dümmsten Verbrecher der Welt* verfolgen. Egal, ob es um Juwelen, Pelze, Kunst, Gepäck oder Alufolie geht: Die Imitation muss so aussehen, als wäre sie echt.

Das Problem ist, dass die meisten Dinge, die wir ersehnen – weil wir sie für vollkommen halten –, in Wirklichkeit unvollkommen sind. Richtiger wäre es, wenn wir uns »Imperfektionisten« nennen würden. (Vielleicht wäre Per*fiktionisten* noch passender, weil Perfektion eine Illusion ist.) All die Dinge, hinter denen wir her sind –

der perfekte Job, der perfekte Ehemann, die perfekten Kinder, das perfekte Aussehen, das perfekte Haus – sind in sich und unabänderlich unvollkommen.

Dass wir dennoch dieser Illusion nachjagen, liegt zum Teil daran, dass sie einfach so gut aussieht! Der Psychologe Dr. David Stoop drückt es so aus: »Die Lüge (der Vollkommenheit) basiert auf der Tatsache, dass die Menschen, wenn sie vor der Wahl zwischen dem *Möglichen* und dem *Wünschenswerten* stehen, sich immer für das Wünschenswerte entscheiden, ob es nun möglich ist oder nicht.«[43] Erfahrung und Logik sagen uns, dass Vollkommenheit nicht möglich ist, doch wir nehmen sie immer noch als wünschenswert wahr. Aufgrund dieser hoffnungslosen Wahrnehmung, die zu neun Zehnteln falsch ist, rackern wir uns ab wie irregeleitete Don Quixote.

Vor ein paar Jahren war meine Familie auf dem Chips-und-Salsa-Trip. Wir probierten mehrere käufliche Marken aus, doch ohne Erfolg. Dann sah ich auf einem Jahrmarkt eine Werbebude für Salsa-Mixer. Die Marktschreierin produzierte eine Ladung duftende, köstliche Salsasauce nach der anderen, dass mir nur so das Wasser im Mund zusammenlief. Mit großen Augen sah ich zu, wie sie Tomaten, Pfefferschoten und Gewürze in den Salsa-Mixer warf. Ein paar Mal elegant an der Kurbel gedreht, und pronto!, servierte sie die frischeste und schmackhafteste Salsasauce, die ich je probiert habe. Ihre beredsamen Anpreisungen der Vorzüge dieses Salsa-Mixers hypnotisierten mich. Die vielfältigen Anwendungsmöglichkeiten dieses Geräts (Möhrensalat *und* Krautsalat!). Seine leicht zu reinigende Konstruktion (spülmaschinenfest!). Die Möglichkeit, meinen Kindern einen völlig natürlichen, fettarmen Snack zu bieten (selbst gemacht!). Seine Fähigkeit, meine Ehe zu stärken (aphrodisierende Jalapeños!). Ich musste einen haben.

Aber ach, meine selbst gemachte Salsasauce war der totale Reinfall. Vergessen wir fürs Erste die richtige Zusammenstellung der Zutaten für meinen Salsa-Mixer. Ich konnte ihn nicht einmal bedienen! Die Verkäuferin hatte mit einem breiten Lächeln und einer kleinen Drehung aus dem Handgelenk eine Weltklasse-Salsasauce zustande gebracht. Ich musste ein Knie auf die Küchenplatte aufsetzen, das blöde Ding in den Schwitzkasten nehmen und nach Leibeskräften kurbeln. Das Einzige, was ich dabei zustande brachte, war ein verdrehter Ellbogen.

Durchschnittliche Salsasauce war möglich, aber perfekte Salsasauce war wünschenswert. Darauf war ich aus, und was ich bekam, war gar keine.


## Geh nach Osten, Martha! Geh nach Osten!

Wir perfektionistischen Marthas halten uns selbst gern für intelligente Frauen. Scharfsinnig. Gewitzt. Hellwach. Ebenso gern halten wir uns für unabhängige Frauen. Frei. Autark. Selbstständig. Wir sind eine doppelte Furie, mit der Peitsche der Autorität in der einen und den Zügeln der Kontrolle in der anderen Hand. Aufgepasst, Welt, die Marthas kommen! Wir walzen die Prärie platt, nehmen neuen Boden in Besitz und erobern neue Grenzen. Wie eine Art Rambo im Leinenkostüm.

Wenn wir jedoch einmal innehielten, um über die Schulter einen Blick zurückzuwerfen, würden wir nicht etwa unsere Konkurrenz sehen, die den Staub schluckt, den wir aufwirbeln, wie wir es uns vielleicht vorstellen. Sondern wir würden die grimmige Gestalt des Perfektionismus sehen, der auf dem Kutschbock kauert, die Peitsche in der einen und die Zügel in der anderen Hand. Der schwere Harnisch liegt auf *unserem* Rücken. Daher meine Frage: *Wenn wir so befreit und so clever sind, warum lassen wir uns dann von einer Lüge versklaven?*

Denn wir sind wirklich einem Betrug aufgesessen.

Wussten Sie, dass es im Neuen Testament mehr Stellen gibt, die uns vor Täuschung, als solche, die uns vor Versuchung warnen? Das liegt daran, dass ein Großteil unseres Verhaltens unserem Denken entspringt. Es war ja nicht so, dass Luzifer eines Tages Eva die Anweisung gab: »Sündige!«, und sie darauf sagte: »Okey dokey!« Sie musste erst betrogen werden.[44]

Bevor Sie sich jetzt zu einer abwehrenden »Ich-bin-klug-und-weise-und-mich-betrügt-man-nicht«-Pose aufwerfen, bedenken Sie Folgendes. Eva hatte noch nie gesündigt, und trotzdem ließ sie sich täuschen. Sie lebte in einer vollkommenen Welt, zusammen mit nur einer einzigen anderen Person (die zufällig ebenfalls vollkommen war), und doch ließ sie sich täuschen. Sie hatte keinen Beruf und keine Pflichten im Haushalt, die sie hätten ins Rotieren bringen können, und doch ließ sie sich täuschen. Sie schleppte keinen emotionalen Ballast mit sich herum, und doch (erraten!) ließ sie sich täuschen. Eva ging sogar jeden Abend mit Gott selbst spazieren und unterhielt sich mit ihm, und doch (sprechen Sie mit mir:) ließ sie sich täuschen. Für sie gab es nur eine einzige mögliche Versuchung, und doch (nehmen Sie das mit nach Hause) ließ sie sich täuschen.

Was für ein Gegensatz zu Ihnen und mir! Wir wurden schon mit einer sündigen Natur geboren. Wir leben in einer immer schlechter werdenden Welt mit Milliarden von unvollkommenen Menschen. Wir können nicht täglich mit Gott von Angesicht zu Angesicht ein Schwätzchen halten. Wir werden allenthalben mit unzähligen Anforderungen, Problemen und Versuchungen bombardiert. Wie kommen wir angesichts all dessen auf den Gedanken, wir seien immun gegen Täuschung und Betrug? Schon dieser Gedanke ist meiner Meinung nach der Beweis, dass wir das nicht sind.

## Ein Ex-Engel namens Luzifer

Satan wird in der Bibel auf vielerlei Weise beschrieben. Wir werden uns hier drei dieser Bezeichnungen näher anschauen, weil sie mit unserem Kampf mit dem Perfektionismus zu tun haben. Bevor wir aber zu tief einsteigen, bedenken Sie Folgendes: »Der in euch ist, ist größer als der, der in der Welt ist.«[45] Das ist wichtiger als die Anwendung von Untersetzern, Sicherheitsgurten und Weichspülern – *zusammen.*

## Vater der Lüge

Dies ist einer der bekannteren Beinamen Satans. Die erste Lüge hatte ihren Ursprung in ihm, und aus ihr entstanden jede Menge weiterer kleiner Lügen und so weiter und so fort.[46] Diese Lügen sind wie Küchenschaben. Sie hassen das Licht, und wenn Sie eine davon über Ihren Küchenfußboden huschen sehen, können Sie sicher sein, dass es noch einen Haufen andere in der Nähe gibt. Hier sind fünf fundamentale Lügen, die speziell auf uns Marthas zielen:

*Lüge Nr. 1:* Wenn wir uns mehr Mühe geben würden, könnten wir unser Leben vollständig unter Kontrolle bringen. Dann wäre das Leben perfekt, und wir wären glücklich.

*Lüge Nr. 2:* All diese inneren Imperative (die *Sollte-* und *Müsste-* und *Muss*-Botschaften in unserem Geist) sind wahr. Wenn wir sie alle verwirklichen würden, dann würden der Druck und Stress verschwinden.

*Lüge Nr. 3:* Gottes Liebe zu uns schwankt je nach unserer Leistung.

*Lüge Nr. 4:* Wir sollten jede Fähigkeit, die wir besitzen, zu jeder Zeit bis zum Maximum anwenden, selbst wenn es uns oder anderen schadet. Hat schließlich nicht auch Christus für uns gelitten?

*Lüge Nr. 5:* Alles ist gleichermaßen wichtig und dringend.

Für uns gestresste Marthas sind diese Lügen so vertraut wie unseren elektronischen Organizern die Passwörter. Doch es ist an der Zeit, die Motive hinter dieser Desinformation zu hinterfragen. Dient sie dazu, uns näher zu Gott zu ziehen? Uns mit Liebe zu überschütten? Unser Leben mit Sinn und Freude zu erfüllen? Weit gefehlt. Das Motiv hinter diesen Lügen ist, uns in Gefangenschaft zu halten – angekettet an Stress, Schlaflosigkeit, Unsicherheit, Sorge und sogar Depressionen. Das Leben auf der Basis dieser Lügen zwingt uns, uns unaufhörlich nach dem Unmöglichen zu recken und dabei unsere Gesundheit, unsere Beziehungen und unseren Glauben zu opfern.

Am Ende sind wir weiter von Gott entfernt, stecken tief im Zweifel, sind erfüllt von Angst und haben unseren Fokus verloren.

Wenn wir es leid sind, den Tribut zu entrichten, den diese Lügen unserem Leben abverlangen, gibt es einen Ausweg. Die Geheimwaffe zu unserer Befreiung ist die unverwässerte, reinigende Kraft der *Wahrheit*! Viele Leute, auch solche, die für die Bibel nur ein Lächeln übrig haben, zitieren gern die Worte Jesu: »Die Wahrheit wird euch frei machen.« Was sie jedoch meist auslassen, ist der erste Teil: »Wenn ihr bei dem bleibt, was ich euch gesagt habe, und euer Leben darauf gründet, seid ihr wirklich meine Jünger. Dann werdet ihr die Wahrheit erkennen, und die Wahrheit wird euch frei machen.«[47] Wir müssen über die Wahrheit nachdenken, für sie geradestehen, an ihr festhalten und in ihr vorwärts gehen! Wenn also das nächste Mal eine der obigen Lügen uns attackiert, erschlagen wir sie mit einer der folgenden Wahrheiten:

1. Perfektion ist eine Illusion.
2. Wahrheit macht uns frei; Lügen halten uns gefangen.
3. Gottes Liebe zu uns beruht auf seinem Charakter, nicht auf unserer Leistung.
4. Unsere Fähigkeiten sind Gaben Gottes, die wir innerhalb gesunder Grenzen anwenden sollen.
5. Nur eines ist notwendig.

## Der Ankläger

Dieses Pseudonym erinnert mich an einen Jungen, der in meiner Kindheit in unserer Straße wohnte. Kevin spielte allerdings nicht gern. Dafür petzte er umso lieber. Und die meisten Sachen, mit denen er zu seiner Mami rannte, waren sowieso nicht wahr.*

---

* Zum Beispiel entsteht dadurch, dass man Erde, Sand, Wasser, Leim, Sirup und Eier in einem großen Loch zusammenmischt, *kein* echter Treibsand. Wäre Kevin noch einen Moment länger geblieben, so hätte er gesehen, dass ich nur bis zur Oberkante meiner Kniestrümpfe darin versank, nachdem sein Bruder und meiner mich hineingestoßen hatten. Ha! Was für ein Versager!

Die meisten Anklagen enthalten Worte wie *du solltest*, *du musst*. Oder zur Abwechslung auch *du hättest nicht sollen*, *du hättest nicht dürfen*. Wenn das Ihnen vertraut klingt, blättern Sie zurück und lesen Sie noch einmal Lüge Nr. 2 nach.

Allerdings kann eine Anklage eine Lüge sein oder auch nicht. So oder so stehen Sie und ich auf der Gewinnerseite. Ist die Anklage wahr, so können wir unsere Schuld bekennen, Vergebung empfangen und neu anfangen. Ist die Anklage eine Lüge, so können wir sie mit der Wahrheit erschlagen und weitermachen.[48]

An den Perfektionismus gekettet halten können uns Anklagen nur, wenn wir keines von beidem tun.

Okay. Wir haben also zwei Möglichkeiten. Woher wissen wir, welche von beiden die richtige ist?

Schauen Sie sich an, wie die Anklage formuliert ist. Ist sie so gefasst, dass sie das Ziel hat zu heilen, so ist sie vermutlich wahr. Ist sie so gefasst, dass sie das Ziel hat zu verletzen, so ist sie vermutlich gelogen.

Ein Beispiel:

*Wahre Anklage:* Es war nicht sehr hilfreich, deine Familie so anzuschreien.

*Wahre Reaktion:* Bitten Sie Ihre Kinder und Gott um Vergebung, empfangen Sie sie und fangen Sie neu an.

*Falsche Anklage:* Du hast deine Familie angeschrien. Von heute an und bis in Ewigkeit bist du ein abscheulicher Mensch!

*Wahre Reaktion:* Berufen wir uns auf die Vergebung, die wir bereits empfangen haben, trennen wir die Verfehlung von unserer Identität und gehen wir weiter voran.

Das Schlüsselwort in dieser letzten Reaktion ist *Identität*. Wenn wir unsere Identität in Christus verankern, fallen selbst die flammendsten Anklagen in sich zusammen.

Eine der stressigsten Prüfungen, die eine Frau je über sich ergehen lassen muss, ist es, von einem Profi fotografiert zu werden.

Sie kennen die Routine. Die quälende Frage, was man anziehen soll. Das Gewese über Frisur, Make-up und Schmuck. Und kaum ist man zur Tür hinaus, *wusch!*, fegt eine heiße, feuchte Windbö über einen hinweg. Ihre von Natur aus glatten Haare, die Sie mühsam in sanfte Wellen gelegt haben, verwandeln sich wieder in Stuhlbeinlocken. Oder Ihre Naturkrause, die Sie mühsam gebändigt haben, steht mit einem Schlag wieder in alle Richtungen. Eine äußere Gewalt, über die Sie keine Kontrolle hatten, hat Sie gründlich sabotiert.

Die Lösung? Da keine Frau unserer Generation sich dazu herablassen wird, sich ein Kopftuch umzubinden, wie es unsere Großmütter trugen, müssen wir wohl entweder einen Fotografen finden, der Hausbesuche macht, oder uns im Studio zurechtmachen.

Eine Lösung für das Vermächtnis der Zerstörung zu finden, die uns der erste Perfektionist hinterlassen hat, ist schon etwas schwieriger. Satan wird sowohl im Alten als auch im Neuen Testament als *Zerstörer* bezeichnet[49], und diesen Spitznamen hat er sich redlich verdient. Alles am Perfektionismus reißt ein, statt aufzubauen. *Alles.*

Er zerstört unseren Körper, dem wir mehr abverlangen, als gesund für ihn ist. Er zerstört unsere Beziehungen, die wir um unserer Projekte willen vernachlässigen. Er zerstört unseren Fokus, indem er unsere Aufmerksamkeit auf eine Unzahl ineffektiver Anforderungen zerfasern lässt. Er zerstört unseren Glauben, indem er uns auf Äußerlichkeiten fixiert. Er zerstört unsere bewusste Identität, indem wir sie auf unsere Leistung gründen statt auf Christus.

Bei einer solchen Spur der Verwüstung hat sich der Perfektionismus eine doppelte Auszeichnung verdient: Er ist die erste *und* die schlimmste Sünde!

Alles, was der Perfektionismus uns bieten kann, sind billige Trostpreise. Ein Freizeitanzug (giftgrün). Ein Gartenzwerg aus Plastik (mit Hagelschaden, ein Auge fehlt). Eine Sammlung der schönsten Polkastücke (auf Acht-Spur-Bändern). Da all diese Dinge nicht zu meiner Lava-Lampe passen, entscheide ich mich für den Hauptpreis – die Wahrheit! Und wenn das Sie noch nicht überzeugt, lege ich noch ein paar Plüschwürfel für den Innenspiegel in Ihrem Auto drauf. Dann können Sie richtig stilvoll der Freiheit entgegenrollen.

# Kapitel 9

# Den Schein
# wahren

Samstag. – Ein Tag zum Ausschlafen. Füße hochlegen und entspannen. Bis Mittag im Schlafanzug herumlaufen. Ein Tag, um das Wohnzimmer mit Zeitungen, leeren Kaffeepötten und klebrigen Cornflakes-Schüsseln zu übersäen. Die Kinder gucken stundenlang Zeichentrickfilme – na und? Ihre ganze Familie hat wenigstens einen Morgen in der Woche verdient, an dem sie nicht früh aufstehen und zur Tür hinausstürmen muss.

Ah ... jetzt fangen die Kinder in der Küche an, Kekse zu backen. Sie sind so müde, dass Sie nicht die Kraft aufbringen, ihnen zuzurufen, dass sie keine Schweinerei anrichten sollen. Außerdem flüstern sie ganz aufgeregt miteinander, dass sie Mama und Papa überraschen wollen. Wo wir gerade von Papa sprechen: Ihr unrasierter Gatte steckt in seinem ausgeleierten T-Shirt und Shorts im Keller und beschäftigt sich mit Männersachen. Vermutlich handelt es sich um etwas Hochbrennbares, wozu er die Bedienungsanleitung nicht gelesen hat, aber solange man Sie in Ruhe lässt, ist Ihnen das egal.

Mmm ... Sie hatten schon fast vergessen, wie gut es tut, sich mal auszuruhen; sich über nichts Gedanken zu machen und dem Chaos einfach seinen Lauf zu lassen. Die Fernbedienung in der Hand, stellen Sie fest, dass im Fernsehen gerade einer Ihrer alten Lieblingsfilme anfängt. Mit jeder Minute fließt die Anspannung von Ihnen ab. An den fernen, zerklüfteten Rändern Ihres Geistes stellt sich allmählich eine erholsame Ruhe ein. Das Leben ist schön.

Oha ... das Telefon klingelt.

Noch bevor Sie sagen können: »Lass den Anrufbeantworter

drangehen«, hat Ihr jüngstes Kind schon den Hörer in der Hand. Unwillig, Ihre gemütliche Ecke auf dem Sofa zu verlassen, lauschen Sie dem einseitigen Gespräch und beten, dass eine von den Omas am anderen Ende der Leitung ist.

»HALLO!«

»WAS?«

»JA!«

»GUT!«

»WAS?«

»JA!«

»TSCHÜSS!«

Warnung: Die Geschichte nimmt jetzt eine gewaltsame Wendung, und ich gestehe, dass es meine Familie ist, über die ich da schreibe. Falls Sie Probleme mit dem Magen, dem Herzen oder den Knien haben, lesen Sie den Rest dieses Kapitels nur nach Rücksprache mit Ihrem Arzt.

## Und dann fielen die Räder ab

»Andrew!«, rief ich in die Küche, wo mein Jüngster sich wieder mit Begeisterung darangemacht hatte, das Mehl durchzusieben. »Wer war denn da am Telefon? War es Oma oder Mimi?«

»Nein. Sissa sagt, ich darf keine bunten Zuckerstreusel nehmen. Sag ihr, ich will bunte Zuckerstreusel.«

»Uaah!«, stöhnte ich angewidert. Offenbar hatte ich nur dann die Chance, eine Antwort zu bekommen, wenn ich meine weiche Decke abstreifte, mein warmes Plätzchen verließ, mich in die Küche schleppte und einen Teil meines Lieblingsfilms verpasste. Das Leben ist hart. »Sag mir, mit wem du gesprochen hast und was die Person gesagt hat. War es ein Mann?«

»Nein, es war eine Frau. Sissa sagt, ich muss das krümelige Backpapier nehmen. Sag ihr, ich will das glänzende.«

»Mami!«, warf Elizabeth ein. »Dieser Knirps macht mich wahnsinnig. Ich will ihm helfen, und er streitet dauernd mit mir. Er macht alles schmutzig und macht überhaupt nichts *richtig*.«

Gnade. Wenn Sie erleben, wie Sie sich in Ihre eigene Mutter verwandeln, ist das eine Sache. Aber wenn Sie sehen, wie Ihre Tochter sich in Sie verwandelt, das ist etwas ganz anderes. Aber das Thema musste warten. Noch einmal fragte ich, wer am Telefon war.

Mit dem Mund voller Teig sagte Andrew: »Daf wa ne Frau, die wagt, wie ift auf dem Weg.«

Ich packte ihn an den Schultern und starrte ihm in die Augen, bemüht, keine Panik in meiner Stimme erkennen zu lassen und ihm keine blauen Flecken an den Armen zu machen. »Auf dem Weg wohin? Hierher?«

»Ja.«

»Das ist sehr wichtig, Andrew. Was hat denn die Frau gesagt, wer sie sei?«

»Weif nift mehr.«

Elizabeth unterbrach ihre wichtige Tätigkeit, den Keksteig mit Lebensmittelfarben zu verschönern.

»Andrew, sag Mami, wer am Telefon war. War es jemand, den du kennst? Eine Frau aus der Gemeinde? Eine von unseren Nachbarinnen?«

Vierjährige Jungs und, ja, selbst erwachsene Männer, die wissen, dass sie im Besitz einer wichtigen, begehrten Information sind, neigen vorübergehend zu Taubheit, Stummheit oder Gedächtnisverlust, wenn ihnen ein oder mehrere weibliche Wesen aggressiv entgegentreten. Ursache ist ein Gen, das nur den männlichen Exemplaren unserer Spezies als Abwehrmechanismus mitgegeben ist. Dies verschafft ihnen nicht nur Zeit, um die möglichen Folgen diverser Antworten einzuschätzen, einschließlich der einen Antwort, die möglicherweise tatsächlich der Wahrheit entspricht, sondern es gibt ihnen auch vorübergehend die Kontrolle über die Situation.

Marthas sind Expertinnen darin, anderen die Kontrolle zu entreißen. Also manövrierte ich Andrew ganz geschickt aus dem

Gespräch heraus. Ich ließ ihn los, wandte mich an Elizabeth und sagte: »Vielleicht war es doch Mimi.«

»Nein, ich glaube, es muss Lynn gewesen sein«, erwiderte sie, die meine Strategie sofort durchschaute.

»EF WAR EINE FRAU, DIE HIEF ANGELA!«, brüllte mein Sohn und sprotterte mir dabei das Ohr mit bunten Zuckerstreuseln voll.

»Angela!« Mein Herz setzte einen Schlag aus und schaltete dann auf Hochtouren. »NEAL!« Mein Mann vernahm das Entsetzen in meiner Stimme und kam die Kellertreppe herauf in die Küche gehechtet.

»Ist jemand verletzt?«, keuchte er.

»Noch nicht, aber Angela ist auf dem Weg hierher. Andrew hat den Anruf angenommen, und ich weiß nicht, wie ich sie erreichen kann, um sie aufzuhalten!«

Als guter Mann für Notfälle tippte Neal die magischen Tasten am Telefon, mit denen man die Person zurückrufen kann, die zuletzt angerufen hat. Die Stimme am anderen Ende sagte, dass Angela, die zu einer Sitzung in der Stadt war, gerade gegangen war, aber vorhatte, mehrere Zwischenstationen anzusteuern, bevor sie zu uns kam. Uns blieb ungefähr eine Stunde, um uns auf einen Überraschungsbesuch von einer der furchterregendsten Personen vorzubereiten, die ich kenne.

Meine und Angelas Wege kreuzten sich nur selten, aber wenn es geschah, fühlte ich mich regelmäßig wie aus dem Hinterhalt überfallen. Wenn ich ihr einen Kuchen vorsetzte, knabberte sie aus Höflichkeit ein paar Krümel und informierte mich eingehend über die chemischen Zusatzstoffe in dem Guss. Wenn ich einen gemeinsamen Bekannten erwähnte, referierte sie mir eine Liste der Unzulänglichkeiten der betreffenden Person, alles natürlich unter dem Deckmantel von »Gebetsanliegen«. Wenn ich ihr stolz von den neuesten Erfolgen meiner Kinder erzählte, erinnerte sie mich salbungsvoll daran, dass die einzige Krone, nach der wir streben sollten, die himmlische sei. Am liebsten hätte ich ihr gesagt:

»Schwester, du brauchst nicht bis zum Himmel zu warten, bis du was aufs Haupt bekommst!«

Und jetzt war sie unterwegs zu mir nach Hause.

Die Wahrheit über meinen samstäglichen Lebensstil mochte Angela frei machen, aber für mich würde sie wirken wie eine Verurteilung zum Gefängnis – sie würde mich von nun an als erbärmlich unvollkommen betrachten, als jemand, der versucht sich zusammenzureißen, aber es nicht ganz schafft.

Ich gebe Ihnen einen intimen Einblick in die Gedanken, die mir in diesem entscheidenden Moment durch den Kopf gingen:

*Gedanke Nr. 1:* »Mein Körper ist schuld, weil er müde ist und mich im Stich lässt. Ich wusste doch, dass ich die Nacht hätte durcharbeiten und putzen sollen, für den Fall, dass überraschend Besuch kommt. Das war das letzte Mal, dass ich mich an einem Wochenende entspannt habe!«

*Gedanke Nr. 2:* »Angela ist schuld, weil sie eine selbstgerechte, rücksichtslose Angeberin ist. Sie wird hier wie aus dem Ei gepellt auftauchen und hoffen, dass ich aussehe wie ein wild gewordener Handfeger, nur damit sie sich überlegen fühlen kann.«

*Gedanke Nr. 3:* »Die Kinder sind schuld, weil sie meine Küche durcheinander gebracht haben ... mein Haus ... mein Leben!«

*Gedanke Nr. 4:* »Mein Mann ist schuld, weil er intelligent, gut aussehend und liebevoll auf die Welt gekommen ist statt reich, wohlhabend und betucht. Sonst könnte ich mir einen Innenarchitekten und ein Hausmädchen leisten!«

*Gedanke Nr. 5:* »Es ist alles Gottes Schuld, weil er mir diese ganzen Lasten auflädt, die mich daran hindern, ein perfektes Leben zu erreichen.«

*Gedanke Nr. 6:* »War das Donner, was ich da gerade gehört habe?«

## An die Gefechtsstationen

Wir Marthas glänzen oft am meisten in einer Krise. Während andere jammernd die Hände ringen, erfassen wir mit einem Blick die Situation, formulieren einen Schlachtplan und fangen an, Befehle zu bellen. Unangemeldete Inspektionen rufen die Bestie in uns wach.

Zum ersten Kind: »*Du* sammelst die schmutzige Wäsche ein und machst die Küche sauber.«

Zum zweiten Kind: »*Du* sammelst die Zeitungen ein und bringst den Müll hinaus. Aber steig erst mal aus deinem Spiderman-Pyjama und zieh dich an.«

Zum Ehegatten: »Lauf du schnell zum Laden und hol die teuren Vollkornkekse und den Gourmet-Kaffee.« Als ich seinen verkniffenen Blick bemerkte, fügte ich hinzu: »Bitte? Bittebitte?«

Zu mir selbst, während ich den Staubsauger aus der Abstellkammer zerrte: »Es ist herrlich, wieder die Kontrolle zu haben.«

Kontrolle? Kontrolle über was? *Kontrolle über mein Image.* Einen Augenblick lang stand mein selbst gewähltes Image als Haushalts-Dynamo auf Messers Schneide. Indem ich mich selbst und meine Familie zu hektischer Aktivität anpeitschte, erreichte ich Folgendes:

1. Ich versaute mir den dringend benötigten erholsamen Samstag und stahl denselben auch meiner Familie.
2. Ich vermittelte meiner Familie, dass wir so, wie wir sind, einfach nicht gut genug sind.
3. Ich sandte die Botschaft aus, dass Akzeptanz vom äußeren Schein abhängig ist.
4. Ich unterstellte, dass wir unter uns auf eine Weise und in der Öffentlichkeit auf eine andere Weise leben.

Den Donner brauchte ich kein zweites Mal zu hören.

# Wir erschaffen uns unser eigenes Bild

Dieser Antrieb, den Schein zu wahren, den wir Marthas haben, ist nicht auf unser Zuhause beschränkt. Genauso verbissen können wir darauf achten, wie wir in unserem Beruf und in unserer Gemeinde wahrgenommen werden. (Sehen Sie, wie vielfältig unsere Begabungen sind?) Ich fragte meine Freundin Charlene, die Vizepräsidentin eines großen Konzerns ist, ob sie meint, dass Karrierefrauen den Schein totaler Kompetenz wahren müssen, oder ob sie es sich leisten können, bei der Arbeit einzugestehen, dass auch sie Schwächen haben und unvollkommen sind. Ihre Antwort:

> Eine Frau im Berufsleben wird niemals sagen: »Ich schaffe das alles nicht, ich brauche Hilfe.« Der Chef würde nur erwidern: »Hilfe ist im Budget nicht drin, also entweder erledigen Sie das, oder ich suche mir jemanden, der das schafft.« Mein Alter (50) ist ein wesentlicher Faktor. Ich weiß, dass sich immer jemand finden ließe, der mich ersetzen könnte, der für weniger Geld mehr Stunden arbeiten würde. Es gibt keine Bonuspunkte für Ehrlichkeit.

Dann fragte ich Shawnee, die mit einem Pastor verheiratet und somit eine wandelnde Zielscheibe für Beurteilungen durch alle und jeden ist, von den Kirchenmäusen aufwärts, wie sie mit der Schein-Falle klarkommt:

> Ich frage mich manchmal, ob ich überhaupt das Recht habe, eine Pastorenfrau zu sein. Wie soll ich die Frauen in unserer Gemeinde anleiten, wenn ich alle Hände voll zu tun habe, mich selbst bei der Stange zu halten? Wie kann ich ein Vorbild für Frauen sein, die schon länger gläubig sind, als ich überhaupt auf der Welt bin? In irgendeiner unbewachten Ecke meines Geistes habe ich einen Maßstab vor Augen: eine Mischung aus Claudia Mühlan und Christa Mewes.

Gewiss ist nichts Falsches daran, wenn man bei der Arbeit, in der Gemeinde, bei gesellschaftlichen Anlässen und in anderen öffentlichen Arenen gerne gepflegt und ansehnlich sowie fähig erscheinen möchte, vernünftige Erwartungen und Verpflichtungen zu bewältigen. Doch wie in allen Lebensbereichen, in denen Marthas über die Stränge schlagen, erscheint das, was für alle anderen »gut genug« ist, für uns total unakzeptabel. Sie wären überrascht, wie viele Millionen von Menschen es völlig ausreichend finden, wenn man vollständig bekleidet und einigermaßen bei Sinnen erscheint.

Seien wir ehrlich. Wir gestressten Marthas liefern gerne eine gute Show. Wir gehen mit einem Gefühl von Dramatik und Macht, gespeist aus einer stets wettbewerbsbereiten Haltung, an Aufgaben heran. Wenn wir einen Kurs unterrichten, können die Schüler sicher sein, dass wir exzellente Lehrer sind. Wenn wir eine Gesellschaft geben, können die Gäste auf eine Gastfreundschaft zählen, wie sie einem Sultan wohl anstände. Wenn wir im Beruf eine Aufgabe übernehmen, wird unser Chef nicht einen Moment daran zweifeln, dass wir die Deadline mit präziser Professionalität einhalten oder sogar unterbieten.

Was diese Schüler, Gäste und Chefs vielleicht nicht wissen, ist, wie hart wir daran arbeiten müssen, damit das so ist. Statt unsere Begrenzungen zuzugeben und damit (wie wir fälschlicherweise glauben) unseren Status in ihren Augen zu verlieren, verzichten wir lieber auf Schlaf, vernünftige Mahlzeiten, soziale Kontakte, regelmäßige Pausen und sogar auf eine wohlverdiente Belohnung hinterher. Lieber treiben wir uns selbst bis zur Erschöpfung und zum Burnout an, als dass wir unsere Unvollkommenheit offenbaren. Schlichte Worte wie »Darauf bin ich nicht vorbereitet«, »Das schaffe ich nicht« oder »Ich brauche Hilfe« sind nicht in unserem Vokabular.

## Eine Expertenmeinung aus einem längst rückgabefälligen Buch aus der Bücherei

Es gibt einen schicken Namen für diesen Antrieb, den wir Marthas haben, unter allen Umständen, koste es, was es wolle, den Schein der Vollkommenheit zu wahren. Gestoßen bin ich darauf in einem

Buch, dessen Titel ich unwiderstehlich fand: *Das Perfektionismus-Dilemma: Wie Sie aufhören, sich selbst und andere zum Wahnsinn zu treiben.* (Wow! Offenbar macht die exklusive Doppel-Verwendbarkeit des Perfektionismus ihn zu einer der effektivsten Persönlichkeitsstörungen. Nicht nur, dass Sie sich selbst irritieren und enttäuschen können, Sie können *gleichzeitig* auch die Menschen um Sie her verärgern. Durch diese zeitsparende Eigenschaft ist Perfektionismus besser als bloße Schizophrenie oder Paranoia. Jetzt können wir Perfektionisten ehrlich und stolz sagen, dass von allen möglichen Persönlichkeitsstörungen unsere die beste ist!)

Es kann sein, dass Sie von einem tiefen, beständigen Gefühl geplagt sind, Sie seien ein Hochstapler, ein Betrüger. Durch Ihre übermenschlichen Anstrengungen, erfolgreich zu sein, Ihre Wirkung nach außen zu verbessern oder sonstwie Vollkommenheit zu erlangen, ist es Ihnen bisher gelungen, eine Menge Leute zu täuschen. Aber jeden Moment könnten Sie »entlarvt« werden, und diese Aussicht versetzt Sie in Angst und Schrecken. Mit jedem Scheitern, jedem Irrtum oder jedem Verlust laufen Sie Gefahr, dass andere Leute Sie so sehen, wie Sie sich selbst sehen, bitter enttäuscht oder vollkommen angewidert von Ihnen sind und Sie schließlich hassen, ablehnen, feuern oder verlassen.
Um diese Katastrophe zu verhindern, setzen Sie viel Zeit und Energie an das, was Suchtexperten *Eindrucks-Management* nennen. Sie nehmen alles auf sich, um gut auszusehen, um selbstbewusst und sachkundig zu wirken oder um Menschen entgegenzukommen, deren Liebe oder Akzeptanz wichtig für Sie ist.[50]

»Hey!«, sagen Sie vielleicht, so wie ich es tat, als ich das zum ersten Mal las und ebenso instinktiv auf Verleugnung umschaltete, wie eine Katze auf ihren Füßen landet. »*So* schlimm bin ich nun auch wieder nicht!« Doch die Autoren waren auf unsere Abwehr gefasst.

*Wenn Sie ein Perfektionist sind, dann sind Sie unweigerlich auch ein Eindrucks-Manager.* Sie können es einfach nicht riskieren, die Anerkennung, Akzeptanz oder Bewunderung anderer Leute zu verlieren, denn sie dienen Ihnen als Ersatz für Selbstannahme, Selbstbewusstsein und Selbstachtung. Da Ihnen ein inneres Bewusstsein Ihres eigenen Wertes fehlt, benutzen Sie die Meinungen anderer Leute über Sie und äußere Belohnungen als Maßstab für Ihren Wert.[51]

Diese Terminologie mag brandneu sein, aber das Problem ist älter als der Staub der Erde.

Wissen Sie noch, wie Adam und Eva sich vor Gott versteckten, damit er ihre Unvollkommenheit nicht sah? Wissen Sie noch, wie Hananias und Saphira logen, um den frommen Schein zu wahren? Wissen Sie noch, wie Jesus zornig diejenigen zurechtwies, die bewusst ein falsches Bild von sich selbst projizierten?

Sein Wort für Eindrucks-Management war *Heuchelei*.


## Hilfe! Ich bin in der Falle! Ich komme nicht heraus!

Martha von Bethanien wollte vermutlich Jesus gegenüber das Bild einer außergewöhnlichen Gastgeberin abgeben. Doch dabei gerieten ihr dauernd Dinge und Menschen in den Weg und liefen ihr aus dem Ruder. Sie konnte ihren Eindruck nicht mehr managen! Das Ergebnis? Ungeduld. Zorn. Vorwürfe. Alles keine Dinge, die dazu beitragen, dass Gäste sich wohl fühlen. (Oder, wie in meinem Fall, keine Dinge, die einen bei der eigenen Familie beliebt machen.)

Selbst, wenn wir ein Bild von uns selbst kreieren, das die Konkurrenz uralt aussehen lässt und uns einen Schauer von Komplimenten auf unsere beständig anschwellenden Köpfe einträgt, stecken wir in der Falle – der Schein-Falle. Das falsche Bild, das wir erzeugt haben, muss in der Gegenwart aufrechterhalten und in der Zukunft noch übertroffen werden. Das bedeutet nur *noch mehr* Arbeit und *noch mehr* Stress. Ist es das, was wir wirklich wollen?[52]

Nur eines kann die Schein-Falle öffnen und uns befreien: die Wahrheit.

Jetzt keine Panik – ich sage ja nicht, dass wir landauf, landab von allen Kanzeln unsere Unzulänglichkeiten verkünden müssen. Ich schlage lediglich vor, dass wir mit Gottes Hilfe unsere natürliche Martha-Neigung, in Extremen zu denken, zügeln. Statt an der Lüge festzuhalten: »Ich muss vor anderen um jeden Preis immer einen makellosen Schein wahren«, sollten wir uns an die Wahrheit erinnern: »Weil Gottes Liebe zu mir auf seinen Charakter gegründet ist und nicht auf meine Leistung, werde ich innerhalb gesunder Grenzen mein Bestes für dieses Projekt tun und es dann loslassen.«

Dafür, dass wir die Lüge aufgeben und die Wahrheit annehmen, bekommen wir einen versteckten Bonus. Denn dies befreit nicht nur uns aus der Schein-Falle, sondern es befreit auch die Menschen um uns her. Sie wissen genau, was ich meine, wenn Sie einmal erlebt haben, wie eine Furcht erregende Person, die Sie für weit über Ihnen stehend hielten, sich in Ihrer Gegenwart auf einmal wie ein normaler Mensch verhält.

Finden Sie es nicht auch herrlich, wenn ein Redner oder ein Prominenter unverblümt über seine eigenen Unzulänglichkeiten spricht? Kürzlich nahm bei einer Preisverleihung im Fernsehen eine glamouröse Diva ihre glänzende Trophäe entgegen. Sie hatte vermutlich für ihre fabelhaft pedikürten Zehennägel mehr Geld ausgegeben als ich im Monat für Lebensmittel. Doch die Mauer des Vergleichens, die allein auf ihrem Äußeren aufgebaut war, brach zusammen, als sie hinter der Bühne den Reportern Folgendes anvertraute: Auf dem Weg zu der Veranstaltung hatte ihr kleiner Sohn die Limousine voll gekübelt!

Nichts ebnet das Spielfeld besser ein als gemeinsamer Boden. Die kleinen Katastrophen des Alltags – nicht sitzende Frisuren, streitende Kinder, Laufmaschen in der Strumpfhose und selbst Staub auf den Nippesfiguren – können uns enger zusammenbringen, wenn wir nur unser Image ablegen und liegen lassen.

# Die aufregende Schlussfolgerung

Als mir klar wurde, dass ich mein eigenes Stresslevel und das meiner Familie beinahe bis über den roten Bereich hinausgetrieben hätte, indem ich versuchte, die perfekte Fassade für Angelas Besuch zu schaffen, legte ich in voller Fahrt den Rückwärtsgang ein. Ich rollte den Staubsauger zurück in den Schrank und bat meine Familie, sich auf dem Sofa zusammenzusetzen.

»Es tut mir Leid«, sagte ich. »Ich habe es wieder mal geschafft.« Sie wussten genau, was ich meinte, da sie dieses überkandidelte Verhalten nicht zum ersten Mal erlebten, und ihre Gesichter entspannten sich ein wenig. »Es tut mir Leid, dass ich wieder mal die Furie gespielt und euch alle angeschrien habe. Kein Besuch ist diesen ganzen Stress wert.

Kinder, backt weiter eure Kekse. Soll Miss Angela Schicki-Micki uns doch so sehen, wie wir sind. Ihr und eure Gefühle seid mir wichtiger als der Zustand des Hauses. Könnt ihr mir verzeihen?«

Kaum hatte ich das gesagt, da flogen Elizabeth und Andrew vom Sofa auf mich zu und rissen mich unter vielem »Wir haben dich lieb« und heftigen Umarmungen zu Boden. Im Fallen fing ich einen Blick von meinem Mann auf. Auch er liebte mich immer noch.

Angela tauchte dann am Ende doch nicht auf, aber der Tag nahm einen sehr angenehmen Verlauf. Ich lernte, erst einmal mein Gehirn einzuschalten, bevor ich um des äußeren Scheins willen in Panik geriet. Neal entspannte sich mit mir auf dem Sofa, während die Kinder mit ihren Keksen weitermachten. Als er mir süße Sachen ins Ohr flüsterte, schwor ich mir im Stillen, für den Rest des Tages nicht mehr an Äußerlichkeiten herumzunörgeln. Und deshalb kann ich jetzt zu ihm sagen, was ich damals nicht sagen konnte:

»Wusstest du, dass du bunte Zuckerstreusel im Schnurrbart hast?«

# Kapitel 10

# Zorn, Angst und Schuld: Amüsieren wir uns auch schön?

*Herzlichen Glückwunsch!*

Wenn Sie dieses Kapitel lesen, kann das nur bedeuten, dass Sie entweder (a) weder Zorn, noch Angst, noch Schuld verspüren und es daher zum puren Vergnügen lesen; dass Sie (b) durchaus Zorn, Angst und Schuld verspüren, aber voll in der Verleugnung stecken; oder dass Sie (c) zornig sind, dass ich dieses Thema erwähne, aber Angst haben, es mir zu sagen, und sich schuldig fühlen würden, wenn Sie dieses Kapitel überspringen würden.

Aus welchem Grund auch immer, ich freue mich, dass Sie mir die Stange halten – und das nicht nur, weil ich nicht allein in den Flammen untergehen möchte.

## Drei Stufen der Irritation

Wir Marthas mögen ja Schwarz-Weiß-Denker sein, aber wenn es um Zorn geht, schlagen wir über die Stränge und haben gleich *drei* großzügige Stufen, um ihn zu beschreiben. Hier werde nicht nur ich den Offenbarungseid leisten, sondern meine Mit-Marthas Lori und Deanna werden mich dabei unterstützen.

### Stufe 1: Köcheln
*(leicht, aber beständig verärgert)*

Lori sagt: »Manchmal bin ich so glücklich, dass ich mich selbst nicht ausstehen kann, aber manchmal ist auch das Gegenteil der

Fall. Ich muss abnehmen; meine Kinder machen aber auch gar nichts richtig; was habe ich mir bloß dabei gedacht, *den* zu heiraten; andere Leute sind so was von nervig, bla, bla, bla.«

Deanna, eine hochintelligente Frau, bringt es zum Köcheln, wenn jemand sie auf etwas völlig Offensichtliches hinweist. »Dann möchte ich am liebsten zurückgeben: ›Sehe ich etwa blöd aus?‹ Köchel, köchel, köchel.«

Die Töpfe in der Küche waren nicht das Einzige, was köchelte, wenn ich früher ins Restaurant ging. Ich beschwerte mich über *alles*. Die klebrige Speisekarte, die Krümel auf dem Stuhl, die inkompetenten Kellner. Es hat mich jahrelanges Training meiner Beobachtungsgabe gekostet, ärgerliche Details zu ignorieren und mich stattdessen *mit Zufriedenheit und Optimismus auf die Leute zu konzentrieren, mit denen ich zusammen bin*, so dass wir alle eine angenehmere Zeit zusammen verbringen können.\*

## Stufe 2: Sturm im Wasserglas
*(innerlich am Kochen, aber nur nichts anmerken lassen)*

Bei Deanna, die an einer High School unterrichtet, beginnt der Sturm dann, wenn sie die Schuld am Versagen anderer in die Schuhe geschoben bekommt. »*Besonders Schüler und ihre Eltern!* Diese Woche rief mich eine Mutter an und regte sich auf, dass ihr Sohn eine Fünf bekommen hatte und ich sie wegen der Note nicht vorher angerufen hatte. Mit derselben Mutter habe ich unzählige Male über die Noten ihres Sohnes und die Gründe, warum er so schlecht zurechtkommt, gesprochen. Und doch bin jetzt irgendwie ich dafür verantwortlich, dass er eine Fünf bekommen hat. Ich bin

---

\* Obwohl es mich immer noch ziemlich nervt, wenn ich *ausdrücklich* um einen Tisch im Nichtraucherbereich bitte und der Kellner mich gleich angrenzend an den Raucherbereich setzt, wo das Einzige, was mich vom Marlboro-Mann nebenan trennt, eine zwanzig Zentimeter hohe Reihe staubiger Plastikpflanzen ist, von denen eine einen Batzen Ahornsirup am Blatt kleben hat, der langsam auf meine nicht waschbare Bluse tropft. (Tief durchatmen, Debi, und lass es heraus, lass es einfach heraus ... aber nur bis zur Stufe 2.)

innerlich am Kochen, während ich nach außen hin die große Diplomatin spiele.«

»Damit kann ich mich voll identifizieren«, sagt Lori. »Ich bin sehr gut darin, Dinge in mich hineinzustopfen und dann Dampf abzulassen wie das Ventil am Teekessel!

Gestern stand ich im Copy-Shop am High-Tech-Kopierer, um ein paar Seiten Unterrichtsmaterial für den Heimunterricht meiner Kinder dreifach zu kopieren. Nachdem ich alle benötigten Seiten in den Speicher des Kopierers eingespeist hatte (was mich eine Stunde gekostet hatte) und endlich nur noch auf die Taste drücken musste, um *über dreihundert Seiten* auszugeben, gab es einen Papierstau! Im nächsten Moment war der hilfsbereite Angestellte zur Stelle und drückte ohne zu zögern auf die Clear-Taste, gleich nachdem ich ihn gebeten hatte, das nicht zu tun, und schwupp!, waren die über dreihundert Seiten aus dem Speicher des Kopierers gelöscht. Ich machte ihm deutlich, was er da getan hatte, aber ich glaube nicht, dass er mich überhaupt verstanden hat. ›Upps, tut mir Leid‹, war alles, was er sagte. Ich schätze, dass könnte man als ›Sturm im Wasserglas‹ einstufen. Ich war der nächsten Kategorie schon ziemlich nahe, aber da ich mich noch zurückhalten konnte, meine Hände um den Hals des hilfsbereiten Angestellten zu legen und ihm das Leben aus dem Leib zu quetschen, gehört das wohl noch in diese Kategorie. Ich hätte heulen können. Wenn ich jetzt daran zurückdenke ... alles nur wegen Papier! Albern, was?«

Nein, Lori. Ich finde das gar nicht albern. Albern wäre es gewesen, wenn du dir nicht den Namen dieses Klugscheißers notiert und die Geschäftsleitung angerufen hättest, sobald du zu Hause warst.

*Stufe 3: Rasende Furie*
*(überreagieren, sich von Idioten umgeben fühlen, mit den Füßen stampfen, keifen)*

Lori sagt: »Das Gefühl kenne ich, aber weil ich so gut Dinge in mich hineinstopfen kann, explodiere ich nicht allzu oft. Wenn, dann meist begleitet von einer Flut von Tränen, und ich gerate einfach völlig aus der Fassung.«

Ebenso ist es bei Deanna: »Ich erlebe das nicht oft. Nur bei Schülern, die sich beharrlich weigern zu tun, was ich ihnen sage. Dann verlasse ich den Raum und atme tief durch. Manchmal weine ich, um diesen Zorn herauszulassen.«

Bei mir gibt es reichlich Beispiele für diese dritte Stufe des Zorns, aber der Platz (und mein Stolz) erlaubt es nicht, sie alle hier aufzuführen. Ich weiß, dass Sie darüber furchtbar enttäuscht sind, aber meine panische Reaktion auf einen überraschenden Besuch, von der Sie im letzten Kapitel gelesen haben, wird reichen müssen.

Können Sie sich mit solchen Situationen identifizieren? Ich bin sicher, Sie können es! Der Schriftsteller und ehemalige Pastor David Seamands sagt: »Ich hatte noch nie einen leistungsorientierten und perfektionistischen Christen in der Seelsorge, der nicht im Herzen ein *zorniger Mensch* war. Das heißt nicht, dass solche Leute sich ihres Zorns immer *bewusst* sind oder ihn offen *zeigen*. Oft wirken sie sogar extrem beherrscht oder sehr liebevoll.«[53] (Da haben wir wieder das Eindrucks-Management, von dem in Kapitel 9 die Rede war!)

Nicole Johnson, die mit ihrem Mann Paul Zwei-Personen-Stücke zu Ehethemen aufführt, sagt: »Frauen fällt es schwer, Zorn zuzugeben. Wir haben Angst davor, weil Zorn mit einem Stigma belegt ist. Männer gelten als stark, wenn sie zornig sind; Frauen gelten als irrational oder unbeherrscht. Aber mein Zorn hätte mich eigentlich nicht überraschen dürfen. Er hat mir die ganze Zeit ins Gesicht gestarrt. Ich wollte mich nur nicht dazu bekennen.«

Sowohl Lori als auch Deanna sind sich des Zorns in ihrem Leben bewusst, und beide wissen, wie sie damit umgehen müssen. Als ich fragte: »Was ist das Wichtigste, das euch hilft, damit euch der Zorn nicht so sehr zu schaffen macht?«, erwiderte Lori: »Lieben wie Jesus.« Und Deanna: »Wenn ich mir in Erinnerung rufe, dass es, egal, was ich durchmache, besonders, wenn mir Unrecht geschieht, nicht das Kreuz ist.«

Es ist zwar keine Sünde, wenn wir an die Grenze unserer Geduld gelangen, aber was wir tun, wenn wir dort ankommen, kann durchaus Sünde sein. Die Bibel sagt, dass wir vor unserer geistlichen Neugeburt und Verwandlung durch Christus »Kinder des Zorns von Natur« und somit anfällig für »Feindschaft, Streit und Rivalität« waren.[54] Das sind keine Früchte eines geisterfüllten Lebens!

## Pfeifen in der Dunkelheit

Wir geben es vielleicht nicht gern zu, aber im tiefsten Herzen sind wir Marthas riesengroße Angsthasen. Finden Sie nicht? Versuchen Sie es mit diesem kleinen Test. Stufen Sie auf einer Skala von 1 bis 5 ein, wie Sie sich in den folgenden Situationen fühlen würden, wobei 1 für »furchtlos« und 5 für »vor Angst versteinert« steht.

1. Ich esse meinen Lieblingskrapfen – nachdem er mir in der Bäckerei auf den Boden gefallen ist.

   1          2          3          4          5

2. Ich gehe in den Laden, um fünfzehn zueinander passende Schuhbehälter zu kaufen, mit denen ich eine Schrank-Aufräumaktion abschließen will – und finde nur vierzehn.

   1          2          3          4          5

3. Ich werde aufgefordert, in der Öffentlichkeit zu sprechen – mit so gut wie keiner Zeit zur Vorbereitung, geschweige denn dafür, Verteilmaterial zu kopieren, Begrüßungsgeschenke zu sammeln und 125 Tischkärtchen passend zu meinem Kostüm herzustellen.

   1          2          3          4          5

4. Ich lade vier Leute zu einem festlichen Abendessen zu mir nach Hause ein – und als ich die Tür öffne, stehen sechs Leute da.

   1          2          3          4          5

5. Ich verfasse einen Fragebogen für ein Buch – und dann fehlen mir die mathematischen Fähigkeiten, um ein akkurates Auswertungssystem zu entwerfen.

   1          2          3          4          5

Hey, ich bin Schriftstellerin, keine Buchhalterin. Sagen wir einfach, wenn sie eine Menge Vierer und Fünfer hatten, stehen Sie eher auf der ängstlichen Seite.

Viele unserer Ängste haben mit Kontrolle zu tun. Wenn Dinge passieren, die wir nicht kontrollieren können, dann passt uns das gar nicht in den Kram. Zum Beispiel geht Lori bei Besuchen von ihren Schwiegereltern sofort in Sturzflug über – besonders bei spontanen.

Erlauben Sie mir, aus einem weiteren längst rückgabefälligen Bücherei-Buch zu zitieren: »Viele Zwanghafte haben ein *unangemessen großes Bedürfnis* nach Selbstkontrolle – ein Bedürfnis, das zwanghaft und rigide anstatt vernünftig und flexibel ist. Dieses übertrieben starke Bedürfnis gründet auf der irrationalen Überzeugung, dass perfekte Kontrolle eine sichere Reise durchs Leben garantiert.«[55] Eine sichere Reise. Das ist es! Eine sichere Reise ist ein perfektes Leben. Das Problem ist nur, dass das Leben voller Gefahren steckt. Voller *Leute*, die nicht so denken oder handeln, wie wir meinen, dass sie es sollten. Voller *Ereignisse*, die nicht so laufen, wie wir es geplant haben. Voller *Zahnärzte*, die die Musik viel zu laut drehen, so als ob wir dann nicht merken würden, dass sie geradewegs bis zu unserer Wirbelsäule durchbohren.

Im geistlichen Leben gerät das Abgeben von Kontrolle oft zu einer Art Feilscherei mit dem Heiligen Geist. Wir Marthas geben ein wenig und nehmen dafür ein wenig. Anstatt uns ein für alle Mal ganz und gar hinzugeben, bieten wir nur kleine Probepäckchen von uns an. Wenn Gott davon guten Gebrauch macht, geben wir ihm vielleicht das nächste Mal etwas mehr. Bill Hybels, der Pastor der Willow Creek Community Church, hat mir und anderen, denen es so geht, ins Herz hineingesprochen:

Sie fürchten, dass er [Jesus] in ihr Leben einbricht und ihnen ihre Lebensfreude raubt. Sie sind sich sicher, dass er ihre Freiheit einschränken möchte. ... Manchmal kommen solche Leute zu mir und sagen: »Ich spüre, dass Gott mehr Einfluss auf mein Leben haben möchte, aber ich möchte ihn nicht in mein Leben lassen. Ich kämpfe gegen ihn.«

Normalerweise sage ich dann: »Keine Angst – Sie werden gewinnen. Sie können Gott von sich fern halten. Sperren Sie die Türe zu, verriegeln Sie die Fenster und verschließen Sie Ihren Geist. Sie können ihn aufhalten.« Aber ich sage diesen Menschen auch, dass sie nicht verstehen, wer Jesus ist. Er ist kein Dieb, sondern ein »Anti-Dieb«. Er klopft geduldig an, bis Sie die Türe öffnen, und dann wird er Ihr Haus mit einer Menge wertvoller Dinge anfüllen. Jesus Christus liebt selbstlos. Er liebt uns für das, was er uns geben kann, nicht für das, was er von uns bekommen kann. Wenn Sie die Fenster entriegeln, die Tür aufsperren und weit öffnen, so dass er hereinkommen kann, wird er Ihr Haus mit allem beglücken, was Sie nötig haben, um Ihr Haus warm, schön und angenehm zu gestalten.[56]

Wow. Ein warmes, schönes, wohnliches Zuhause hört sich großartig an! Wenn es sich dann auch noch selbst reinigt, ist sogar Lori mit ihrer Schwiegereltern-Phobie zufrieden.

## Leben als wandelndes Schuldgefühl

In unserem Temperament ist oft eine gehörige Portion des gewissenhaften Persönlichkeitsstils enthalten. Darum bringen wir zum Beispiel immer zu viel herausgegebenes Kleingeld, Einkaufswagen und Bücherei-Bücher zurück. Na ja, *manche* von uns geben Bücherei-Bücher zurück. Ich zeige meine Gewissenhaftigkeit auf andere Weise. Zum Beispiel muss ich immer, wenn über meiner Wohngegend ein Polizeihubschrauber kreist, gegen den inneren Drang ankämpfen, hinauszurennen und zu schreien: »Ich war es! Ich habe es getan! Ich bin diejenige, die gestern rücksichtsloserweise vergessen hat, den Blinker zu setzen, als ich die Spur wechselte!«

Diese extreme Sensibilität hatte bei mir keinen Knopf zum Abstellen. Jedes Mal, wenn mir ein Bedürfnis vor Augen stand, war meine erste Reaktion: »Ich *sollte* helfen. Ich *muss* mich engagieren. Schließlich bin ich doch *Christ*!« Worum es ging, war eigentlich egal – ob es nun die Katze der Nachbarn war, die gefüttert werden musste, oder die hungernden Massen des Erdballs.

Am Ende musste ich die Fürsorge für die Welt an Gott abgeben. Nachdem ich einmal entschieden hatte, was der Fokus meines Lebens sein sollte (worauf ich in Kapitel 17 näher eingehen werde), hatte ich die Freiheit, für drängende Bedürfnisse nicht zuständig zu sein oder mich sogar von ihnen abzuwenden.

Denken Sie daran, dass nicht einmal Jesus selbst in seinem irdischen Leben jeden Kranken heilte oder alles Unrecht beseitigte. Warum glauben wir dann, dass wir das tun sollten? Sind wir denn mächtiger als Gott? Erwartet er von uns, dass wir zu allem und jedem ja sagen? Beide Male nein. Allzu oft glauben wir, solange wir nicht bis zum Zusammenbrechen erschöpft und bis zur Verzweiflung von Schuldgefühlen getrieben sind, wäre unser Leben kein »lebendiges Opfer« für Gott. Allerdings meine ich mich zu erinnern, dass Gott in der Zeit, als man tatsächlich Opfer darbrachte, um Sünden zu sühnen, auf Opfern ohne jeden Makel bestand.[57] Wenn man Gott ein schwaches, wackeliges Lamm darbrachte, missfiel ihm das. Wenn wir uns zu viel aufladen und uns überarbeiten, weil wir keine Ahnung haben, was unser Ziel oder unser Fokus ist, werden wir an Körper und Geist schwach und wackelig. Der entscheidende Schlüssel, damit wir endlich frei davon werden, am Limit zu leben, ist es, unseren Fokus auf die konkreten Dinge zu richten, zu denen uns Gott sowohl berufen als auch begabt hat. Dies gehört auch untrennbar zu dem »Einen«, von dem Jesus sprach.

Lori sagt, dass die gleichen Gedanken in Bezug auf den Fokus auch sie beschäftigen. »Das habe ich letztes Jahr bis zum Anschlag durchexerziert. Wie befreiend war es, als ich endlich begriff, dass Gott möchte, dass ich mich zurzeit ganz auf den Heimunterricht und die Familie konzentriere. Wenn wir uns auf zu viele Dinge einlassen, verpassen wir die Freude gerade an der Sache, zu der Gott uns berufen hat. Mir fällt es schwer, den richtigen Fokus zu bewahren, solange ich versuche, alles zu tun.«

Einen Fokus zu haben half auch Deanna, sich die Schuldgefühle vom Leib zu halten. »Ich trage mich in keine der Helferlisten ein, die sonntags in meiner Bibelgruppe herumgehen, wenn sie nicht direkt mit einer evangelistischen Arbeit in einer Sozialwohnsiedlung zusammenhängen, wo ich jede Woche mitarbeite. Ich habe meinen Fokus eingeschränkt und konsequent nein gesagt, als ich gefragt wurde, ob ich in die Jugendarbeit einsteigen, eine Bibelgruppe leiten, in der Kinderbetreuung mitarbeiten will etc. Dass ich einfach bei dem bleibe, wofür ich ›brenne‹, und ansonsten zu so ziemlich allem nein sage, hat mich ungemein befreit.«

Schuldgefühle sind nichts Schlechtes, das man vermeiden sollte. Nein, etwas Schlechtes, das man vermeiden sollte, wäre, Ihre Haare einer Billig-Friseuse anzuvertrauen, die kleine Plastiktrollen als Ohrhänger trägt. (Bitte *fragen* Sie mich gar nicht erst, woher ich das weiß.) Nein, Schuldgefühle sind etwas Neutrales, das man beurteilen sollte. Sind es echte Schuldgefühle? Wenn ja, dann weisen sie uns auf einen konkreten Punkt hin, wo wir das Ziel verfehlt haben. Fertig werden wir damit, indem wir durch Christus um Vergebung bitten *und sie annehmen*. Sind es falsche Schuldgefühle? Wenn ja, dann ziehen sie uns mit einem unbestimmten Gefühl des Versagens auf der ganzen Linie herunter. Fertig werden wir damit, indem wir uns auf unsere Identität in Christus berufen.

## Christliche Frauen kriegen den doppelten Hammer ab

Einer der stärksten Faktoren beim gegenwärtigen stressintensiven Lebensstil der Marthas ist die Frauenbewegung. Ihr ist es zu verdanken, dass wir Frauen uns selbst die Türen öffnen, unser Essen selbst bezahlen und Männern unseren Platz im letzten Rettungsboot überlassen können. Das Problem für uns übermäßig gewissenhafte Typen ist allerdings, dass wir die Botschaft *Frauen können alles sein* zu der Forderung *Wir sollten alles tun* verdreht haben.

Säkulare Stimmen sagen uns, dass wir weißere Zähne, schnellere

Autos, weichere Haare, größere Häuser und sauberere Kinder brauchen. Addieren Sie zu diesem himmelhohen gesellschaftlichen Anspruch die erhabenen Maßstäbe des Glaubens, und krawumm!, trifft uns der doppelte Hammer. Hören Sie, was Jean Fleming, die Autorin des Buches *Finding Focus in a Whirlwind World*, zu sagen hat:

> In den zwanzig Jahren, seit ich Christ geworden bin, habe ich Anleitung dazu bekommen und bin herausgefordert worden, täglich in der Bibel zu lesen, ohne Unterlass zu beten, regelmäßig gründliche Bibelstudien zu betreiben, Bibelverse auswendig zu lernen, Tag und Nacht zu meditieren, Gemeinschaft mit anderen Gläubigen zu pflegen, stets bereit zu sein, dem fragenden Nichtgläubigen Rede und Antwort zu stehen, für die Mission und für die Armen zu spenden, zu arbeiten »als dem Herrn«, meine Zeit weise einzuteilen, allezeit Dank zu sagen für alles, dem Leib Christi zu dienen, indem ich meine Gaben einsetze, um andere aufzuerbauen, als Zeugnis mein Haus rein zu halten, großzügige Gastfreundschaft zu üben, mich meinem Mann unterzuordnen, meine Kinder zu lieben und zu erziehen, andere Frauen in der Jüngerschaft anzuleiten, meine Finanzen als gute Haushälterin zu verwalten, mich in schulischen und kommunalen Aktivitäten zu engagieren, Freundschaften mit Nichtchristen zu entwickeln, meinen Geist mit sorgfältig ausgewählter Lektüre zu stimulieren, meine Gesundheit durch gute Ernährung und Bewegung zu fördern, meine Garderobe farblich auf meinen Typ abzustimmen, auf meine Haltung zu achten und mein Leben zu »vereinfachen«, indem ich mein Brot selbst backe.[58]

Eine andere Frau beschreibt den doppelten Hammer als etwas, das uns so hart trifft, dass wir zu »christlichen Trümmerfrauen«, wie sie es nennt, zerschlagen werden. Hier ist ein Teil von Peg Rankins Beschreibung der Philosophie der christlichen Trümmerfrau:

1. Lade dir mehr auf, als du bewältigen kannst. Für Gott kannst du nie genug tun.

2. Versuche, allen alles zu sein. So zeigst du Gottes Liebe.
3. Setze dir Ziele und treibe dich an, um sie zu erreichen. Du willst doch am Tag des Gerichts ein »Wohl getan« hören!
4. Nimm dir selten freie Zeit. Dazu gibt es zu viel zu tun. Von dir wird erwartet, dass du für Gott ausbrennst!
5. Hör nicht auf, alles zu geben, selbst wenn du kaum noch etwas zu geben hast. Das christliche Leben ist nichts für Leute, die aufgeben.
6. Sei bereit, alles für deinen Dienst zu opfern: deine Familie, deine Freunde, sogar deine Gesundheit. Diese Dinge sind zeitlich; die Arbeit für das Reich Gottes ist ewig.
7. Überleg es dir gut, bevor du zu einer Gelegenheit zum christlichen Dienst nein sagst. Und wenn du es tust, fühle dich schuldig, aber so *richtig* schuldig.[59]

Genug, ich ergebe mich! Der doppelte Hammer ist mehr, als ich ertragen kann. Diese Beschreibungen inspirieren nicht nur zu mehr Schuldgefühlen, sondern auch zu mehr Angst, mehr Zorn und mehr Gesprächen mit meinem Reisebüro über einen Trip in die Verleugnung, ohne Rückfahrkarte.

## Außer Kontrolle

Das Leben ist voller Ironie.

Wir können es wochenlang schaffen, nichts auf den Küchenfußboden zu kleckern. Aber an dem Tag, wo wir ihn gerade auf Hochglanz poliert haben, wird uns ein ganzer Karton Eier herunterfallen.

Normalerweise zeigen wir uns in der Öffentlichkeit gut gepflegt. Doch das eine Mal, wo wir nur schnell in Trainingshosen und alten Latschen zur Post gehen, treffen wir eine alte Klassenkameradin, die dann überall herumerzählt, dass es mit uns offenbar bergab geht.

Wir können den Videorekorder programmieren, um die letzte Folge eines wahnsinnig spannenden Krimi-Vierteilers aufzunehmen. Doch wenn wir sie uns am nächsten Tag anschauen wollen, stellen wir fest, dass wegen einer überzogenen Livesendung vorher die letzten zwanzig Minuten mit der Auflösung des Mordfalles fehlen.

Einen Fall gibt es jedoch, wo die Ironie zu unseren Gunsten arbeitet: dann nämlich, wenn wir Kontroll-Freaks Kontrolle abgeben. Bei mir funktioniert das folgendermaßen:

Mein Zorn verringert sich, wenn ich die Fehler anderer loslasse.

Meine Angst verringert sich, wenn ich die Sorge um alle möglichen Eventualitäten loslasse.

Meine Schuldgefühle verringern sich, wenn ich meine eigenen Fehler loslasse.

Gottes Gnade ist es zu verdanken, dass ich heute nicht mehr die Super-Stress-Frau bin, die ich vor fünfzehn Jahren war. Wenn ich nur an die Freiheit denke, die ich heute habe, möchte ich am liebsten ein Fest veranstalten! Treffen wir uns im Whistlestop auf einen Käsekuchen. Und wenn der Marlboro-Mann auch da ist, spendiere ich sogar ihm ein Stück.

# Kapitel 11

# Mama Martha: die Gefahren perfektionistischer Erziehung

Irgendwann in den sechziger Jahren beschlossen meine Mutter Beth und ihre Freundin »Millie«, die Hausarbeiten zu tauschen, die sie am meisten hassten. Beth hasste Bügeln, und Millie hasste es, ihre Küche in Schuss zu halten. Sie schlossen ihren Handel bei einer großen, eiskalten Flasche Cola ab, und verabredungsgemäß stand meine Mutter in der Woche darauf mit einem Korb voll Bügelwäsche bei Millie auf der Matte.

Millie erwies sich als Frau mit Weitblick und hatte in ihrer Küche keinen Finger gerührt, seit sie in der Woche davor die Abmachung getroffen hatten. Seither waren sieben *lange* Tage mit je drei Mahlzeiten und jeder Menge Snacks vergangen. Millies vier heranwachsende Jungs aßen unaufhörlich, und bald war jede Schüssel, jeder Teller und jedes Besteckteil schmutzig. Nie um eine Lösung verlegen, drehte Millie das Geschirr einfach um, und ihre Brut aß von der Rückseite der Teller. (Wirklich!) Jeder Quadratzentimeter in der Küche war bedeckt mit klebrigen Massen, schmutzigem Geschirr, muffigen Lappen und stinkendem Abfall. Die Katzen fanden's herrlich. Sie stolzierten zwischen dem mit Essensresten verkrusteten Schutt auf dem Tisch umher wie kleine Kleopatras zwischen Haufen von Gold und Geschmeide.

»Oh, schön, dass du da bist!«, rief Millie. Sie schnappte sich Beths Korb und machte sich davon, um sich ihre Seifenopern anzuschauen, während sie bügelte. Meine Mutter, die viel zu nett ist, um jemanden eine »faule, schmierige Schlampe« zu nennen, wienerte die ganze Küche auf Hochglanz. Um gerecht zu sein, Millie machte die Sache mit dem Bügeln wirklich gut. Dennoch blieb es bei diesem ersten und einzigen Mal, dass sie ihre Aufgaben tauschten.

Heute können wir Millies Haushaltsführungsmethode als »Überleben der Stärksten« beschreiben. Etwas mehr als ein Jahr nach diesem Fiasko brachte Millie einen weiteren Sohn zur Welt, und als es in der Familie einen Notfall gab, brauchte sie jemanden, der sich um den kleinen Donald kümmerte.

»Natürlich helfe ich dir gern«, sagte Beth ihr am Telefon. »Hast du eine Vorstellung, wie lange – warte mal, da ist jemand an der Tür.«

Es war Millie, die mit dem Baby im Arm auf der Matte stand. Dass sie so schnell da war, lag daran, dass sie mit leichtem Gepäck gekommen war – außer dem Baby hatte sie nichts mitgebracht. Keine Klamotten. Keine Windeln. Keine Fläschchen. Kein Spielzeug. Angesichts von Millies Sachkenntnis in Haushaltsdingen konnte meine Mutter noch dankbar sein, dass sie mit Donny gekommen war und nicht eine der Katzen in einen Matrosenanzug gesteckt und mitgebracht hatte.

Unter der Fürsorge meiner Mutter blühte Donny auf. Die leuchtend rote Entzündung an seinem Hinterteil brachte sie mit einer revolutionären Methode, auf die Millie nie gekommen wäre, zum Verschwinden: mit regelmäßigem Windelwechsel. Des Weiteren kam Donny durch Mama zum ersten Mal in den Genuss reiner Milch aus sterilen Fläschchen. Das gefiel ihm erheblich besser als die »Käse-ist-es-noch-nicht«-Formel, die Millie anwandte. Die Babysachen meines älteren Bruders passten Donny, und wenn sie auch aus zweiter Hand waren, waren sie immerhin farblich abgestimmt, heil und sauber.

Ein paar Wochen später kam eine andere Freundin von meiner Mutter vorbei, um zu sehen, wie das Babysitting, das allmählich in eine Adoption überging, voranschritt.

»Hat Millie sich schon geäußert, wann sie ihn wieder abholen will?«, fragte Justine.

»Nein«, erwiderte Beth. »Aber ich habe keine Eile. Donny ist so ein süßer Fratz. Er macht kaum Geschrei, obwohl er erkältet ist. Wer weiß, wo er das herhat, von uns ist keiner krank.«

Aber Justine wusste Bescheid: »Du hast ihn gewaschen, stimmt's?«

Offenbar entfernte man, wenn man Kinder aus Darwin'schen Familien wusch, die schützende Kruste und setzte sie damit den bakteriellen Gefahren aus, mit denen törichte Hygiene-Freaks wie wir Martha-Typen ständig zu kämpfen haben.

Schließlich forderte Millie ihren Sohn zurück. Als wir das letzte Mal von ihm hörten, war er ein strammer Marine-Soldat, hoch dekoriert für seine Tapferkeit. Eine Geschichte beschrieb, wie sein ganzer Zug in einem schmutzigen, verseuchten Dschungellager von Infektionen dahingerafft wurde und er als Einziger überlebte.

Ich glaube, wir wissen alle, warum.

## Trommelwirbel und Fanfare ... oder auch nicht

Eine der Ironien des Lebens in der Kindererziehung ist, dass uns unsere eigenen Erziehungsprobleme manchmal völlig ratlos dastehen lassen, während wir Experten darin sind, die Probleme anderer Leute zu lösen. Meine Mutter glaubte, Klein-Donny brauche ein strahlend sauberes Zuhause, aber Gott wusste es besser.

Und das ist der springende Punkt. *Gott wusste es besser*. Allzu oft bilden wir Marthas uns ein, wir wüssten es am besten.

Wissen Sie noch, wie genau Sie alles wussten, bevor Sie Kinder hatten? Mir ging es genauso. Nach bester Martha-Manier ließ ich mich durch meine mangelnde Erfahrung nicht davon abhalten, andere zu kritisieren. Hier sind nur einige der scharfsinnigen Bemerkungen, mit denen ich meine Freundinnen beglückte, die vor mir heirateten und sich vervielfältigten.

*Problem:*
Einjähriges Kind schläft immer noch nicht die Nacht durch.
*Reaktion der Mutter:*
Tröstet Kind bei jedem Aufwachen und erklärt ihm geduldig, warum »wir Heia machen, wenn's dunkel ist«.
*Meine Lösung:*
Kauf dir Industrie-Ohrenschützer und lass das Kind schreien, bis es genug davon hat.

*Problem:*
Zweijähriger weigert sich, im Kindersitz zu fahren.

*Reaktion der Mutter:*
Lässt Kind während der Fahrt frei im Auto herumturnen oder auf dem Schoß sitzen.

*Meine Lösung:*
Verhafte das Kind und bewirb dich um die Zivilcourage-Medaille.

*Problem:*
Dreijähriger kriegt Wutanfall im Kaufhaus.

*Reaktion der Mutter:*
Besticht Kind mit Süßigkeiten und Spielzeug.

*Meine Lösung:*
Drohe ihm, ihn an der Sammelkasse umzutauschen.[*]

So lange, bis eine Martha selbst eine vollzeitliche, schlafberaubte, möbelverschmierte, Spucktuch-auf-der-Schulter-tragende, chronisch bankrotte Mutter ist, hat sie einfach keine Ahnung von Kindererziehung. Trotzdem glaubt sie wahrscheinlich, so wie ich es tat, sie wüsste auf alles die richtige Antwort. Wenn ich an die selbstgerechten Expertenratschläge denke, mit denen ich frisch gebackene Eltern überhäufte, rollen sich mir noch nachträglich die Fußnägel auf. Aber keine Angst, bald darauf kriegte ich auch mein Fett.

## Kulturschock

Meine Schwangerschaft mit Baby Nummer eins verging wie im Flug, während ich das perfekte Kinderzimmer vorbereitete. Ich las alle populären Bücher über Schwangerschaft, Wehen, Geburt und Versorgung des Neugeborenen. Ich legte mir ein Windeldepot an, entwarf die Geburtsanzeigen und füllte die Kühltruhe mit Fertiggerichten. Ich war auf die Mutterschaft vorbereitet.

---

[*] Heute, mit meinen zusammengerechnet zwanzig Jahren Erfahrung in der Kindererziehung, sind meine Lösungen für die obigen Probleme freundlicher ... sanfter ... einfacher. Mit einem Wort, Kodein.

Was für ein Witz.

Elizabeth, so süß und wunderbar sie war, verstand meine Pläne einfach nicht. Wenn ich sie für ihr Nickerchen hinlegte, wollte ich, dass sie zwei Stunden schlief. Nicht mehr, nicht weniger. Sie hingegen beschloss, entweder in einen sechsstündigen, komatösen Schlummer zu versinken (um fit zu sein und die Nacht durchmachen zu können) oder einfach wach zu bleiben und zu meckern.

Wenn ich sie morgens anzog, dachte ich, das wäre für heute erledigt, und jetzt könnten wir alle uns anderen Dingen zuwenden. Falsch. Elizabeth spuckte gern. Mein dunkelgrüner Bademantel, den ich damals hatte, verriet alles. Bis zum Nachmittag (ich war immer noch nicht dazu gekommen, zu duschen und mich anzuziehen) sah ich aus, als hätte ich unter einem Taubenschwarm gestanden, und Elizabeth war schon ungefähr vierzehnmal umgezogen worden.

Die Schmutzwäsche vermehrte sich wie Karnickel. Neal und ich lebten von Müsli, Dosensuppe und Tiefkühlpizza. Ich trauerte den Tagen nach, als ich noch die Zeit, die Energie und das Geld hatte, ein ganzes Menü von Suppe bis Nachtisch zuzubereiten. Ich jammerte den Zeiten nach, als ich noch jeden Tag wohlduftend und wie aus dem Ei gepellt das Haus verließ – und das noch vor Einbruch der Dunkelheit.

Kurz, ich wollte meine Mami.

## Und die Schuldgefühle gehen immer weiter ...

Die schmutzige Realität der Kindererziehung traf mich hart. Für uns perfektionistische, projektorientierte Typ-A-Martha-Mütter ist das Muttersein, gelinde gesagt, eine Zumutung. Während dieser Zeit kämpfen wir mit den *höchsten Erwartungen* und der *niedrigsten Produktivität* unseres Lebens. Unsere Zeit- und Energiereserven sind chronisch ausgeschöpft. Der Frust darüber, dass wir ständig hinter dem zurückbleiben, was wir meinen, schaffen zu *sollen*, wird immer größer. Noch so viel pränatale Planung kann uns nicht auf das unfassbare Grauen der Nonstop-Kindererziehung vorbereiten.

Der Kulturschock, den wir mit dem ersten Baby erleben, ist schlimm genug. Wenn dann noch die einzigartigen Herausforderungen dazukommen, die jedes weitere Kind mit sich bringt, verstehen wir, warum James Dobson eines seiner Bücher mit dem Titel *Erziehung ist nichts für Feiglinge* versah.

Sheryl sagt: »Wegen der unterschiedlichen Persönlichkeiten meiner Kinder stelle ich fest, dass ich meinen Erziehungsstil auf ihre Bedürfnisse zuschneide.« Weniger flexible Marthas bringen solche Unterschiede zur Verzweiflung, wenn sie versuchen, sich selbst und ihre Kinder perfekt synchron zu schalten.

Elizabeth bekam voll das Sperrfeuer meines exzessiven Bestrebens ab, als frisch gebackene Mutter alles perfekt zu machen. Gefüttert und geschlafen wurde nach der Uhr, nicht nach dem Bedürfnis. Wenn ein Fläschchen auf den Boden fiel, war es so kontaminiert, dass ich sofort das Seuchenkommando rief, um es zu entsorgen. Auf hochglanzpolierten Regalen standen farblich kodierte Körbe mit verschiedenen Arten pädagogisch wertvoller Spielsachen. Und das Ergebnis? Sie hat eine Persönlichkeit, die man als »eine Party, die darauf wartet, gefeiert zu werden« beschreiben könnte.

Fast acht Jahre später bekam ich Andrew. Bis dahin waren mir die Flügel gestutzt worden, und mit meinen Erwartungen an die perfekte Erziehung war es nicht mehr weit her.

Er aß, wenn er hungrig war, und schlief, wenn er müde war. Wenn ein Fläschchen herunterfiel, rieb ich es an meinem Hosenbein ab und gab es ihm wieder. Seine Spielsachen wurden ohne viel Federlesens in ungleichen Wäschekörben unter dem Wickeltisch verstaut. Und doch ist dieses Kind ein solcher Ordnungsfanatiker, dass ich sicher bin, die Doppelhelix seiner DNS ist nicht spiralförmig, sondern gerade.

Lori sagt zwar, dass sich ihr Marthatum mit der Geburt jedes ihrer Kinder verringerte, aber sie entdeckte auch eine allgemein gültige Wahrheit: Die Tricks und Kniffe, die wir bei Baby Nummer eins lernen, müssen nicht unbedingt bei Baby Nummer zwei funktionieren. Wo das eine zurückhaltend ist, ist das andere furchtlos. Wo eines künstlerisch veranlagt ist, ist das andere sportlich. Und keines unserer Kinder scheint sich auch nur im Geringsten um *unsere* hochtrabenden Ideale zu scheren. Ihre Interessen liegen ganz woanders. Wer kriegt den Fensterplatz; wer darf das nächste Video aussuchen; wer kann am lautesten rülpsen.

Was soll eine Martha-Mutter machen, wenn sowohl sie als auch ihr Nachwuchs aus der Spur der Vollkommenheit entgleist sind? Susan Lenzkes fasst ihren Ratschlag in ein Gedicht:

> *Ich suchte -*
> *aber da war bestimmt keine*
> *Bedienungsanleitung beigelegt*
> *bei meinen Kindern,*
> *als sie kamen.*
> *Und es ist auch keine*
> *seither mit der Post gekommen.*
> *Herr, zeig mir, wie*
> *ich eine gute Mutter sein kann.*
> *Lehre mich*
> *zu korrigieren, ohne zu erdrücken,*
> *zu helfen, ohne zu klammern,*
> *zuzuhören, ohne zu lachen,*
> *zu umhegen, ohne zu ersticken,*
> *und zu lieben ohne Grenze –*
> *so, wie du mich liebst.*[60]

## C'est l'amour

Eine Nacht steht mir besonders vor Augen als Wendepunkt in meinem Verständnis der Liebe Gottes. Als ich Elizabeth in ihrer Wiege schlafen sah, fühlte ich mich *verzehrt* von Liebe. Anders kann ich es nicht ausdrücken. Meine Augen saugten jede Einzelheit auf, von ihren runden Wangen bis zu ihren winzigen Zehen. Selbst das Geräusch ihres Atems erfüllte mich mit einer geradezu schmerzhaften Verehrung; fast so, als müsste ich zerbersten, wenn sie mir noch kostbarer würde.*

Liebte ich sie wegen irgendeiner Leistung, die sie erbrachte? Ganz und gar nicht. Ich liebte sie einfach, weil sie von mir kam. Sie gehörte zu mir. Sie war mein. Und in diesem Moment wusste ich zum ersten Mal, dass Gott *mich liebte*. Ich gehörte in Christus zu ihm. Ich war sein.

Nichts kann Gottes Zuneigung zu uns ändern. Weder Produktivität noch Bedürftigkeit, weder Erfolg noch Scheitern. Der Grund ist, dass seine Liebe nicht darauf basiert, was wir machen oder wie gut wir es machen, sondern auf seinem Charakter, der gar nicht anders kann, als seine eigenen Kinder mit einer vollkommenen, dauerhaften und unwiderruflichen Liebe zu lieben.

Ich saß in Elizabeths verdunkeltem Zimmer auf dem Boden, umarmte meine Knie und konnte einfach nicht aufhören zu lächeln. Gottes bedingungslose Liebe war mir endlich aufgegangen, und um das zu erreichen, benutzte er ein paar Pfund Mensch, gekleidet in rosa Strampelhosen, die mich voll und ganz forderten.

Seit jener Nacht bin ich eine Mutter mit einer Mission. Meine Aufgabe ist es, meine Kinder davon zu überzeugen, dass Gott sie aufgrund ihrer Identität in Christus liebt – egal, was passiert. Mein größtes Hindernis dabei, diese Mission zu erfüllen ... bin ich!

## Marthas Essig

Eine weitere Ironie des Lebens bei der Kindererziehung ist, wie gefühlsduselig wir für unsere Kinder empfinden, wenn sie schlafen, und wie genervt wir von ihnen sind, wenn sie wach sind. Als echte Martha-Mutter verfiel ich in die »Immer, wenn ich hingucke, stellst

* Genauso empfand ich, als mein Sohn Andrew geboren wurde.

du irgendwelchen Blödsinn an«-Routine. Als meine Kinder größer wurden und ich immer mehr zu tun hatte, wurde es schlimmer – was nicht gerade dazu beitrug, ihnen bedingungslose Liebe zu vermitteln.

Als sie noch ganz klein waren, hatte ich (natürlich) sehr niedrige Erwartungen an ihr Verhalten. *Natürlich* verschütten Kleinkinder Saft und lassen ihre Spielsachen herumliegen. *Natürlich* ziehen sich Vorschulkinder völlig chaotisch an.[*]

Wie Sheryl bemerkte, ist es »leichter, eine ›perfekte‹ Mutter zu sein, solange die Kinder am abhängigsten von mir sind. Je älter sie werden und je weniger Kontrolle ich habe, desto schneller stoße ich auf meine eigenen Unvollkommenheiten. Als Elizabeth und Andrew älter wurden, ging es mit meiner Toleranz bergab, während meine Erwartungen immer mehr stiegen. Das ist eine Unvollkommenheit, die ich äußerst ungern zugebe, aber ich bin bereit, es hier vor Gott und allen anderen zu tun, weil ich glaube, dass sehr viele Martha-Mütter in demselben undichten Boot sitzen.«

Toleranz kann mühsam werden, wenn ihre Quelle nicht Gott ist. Die natürliche Martha in mir, die für ihre bissige Schlagfertigkeit berüchtigt ist, kann einen Blick auf meine Kinder werfen und sofort eine Liste ihrer Vergehen abfeuern.

»Streich dir die Haare aus den Augen.«

»Lehn dich nicht gegen die Tapete.«

»Iss das in der Küche, nicht im Wohnzimmer.«

Es gibt zwei Verse in der Bibel, die mir geholfen haben, meiner perfektionistischen Perspektive die Spitze abzubrechen.

Der erste ist: »Denn im Zorn tun wir niemals, was Gott gefällt.«

---

[*] Ein typisches Outfit für Elizabeth während ihrer »Ich-kann-mich-schon-alleine-anziehen«-Phase im Vorschulalter kostete mich beinahe das Augenlicht. Ein neon-orangefarbenes T-Shirt, ein rot karierter Wollrock, hellblaue Strumpfhosen, rosa Sandalen, diverser bunter Flohmarkt-Schmuck und ein Löschblatt als Schleier, befestigt mit einem glitzernden Haarreif. Meine Lösung: »Schätzchen! Heute hast du dir aber was Tolles zum Anziehen ausgesucht! Hier, bevor wir aus dem Haus gehen, hängen wir dir zwei große Schilder ans T-Shirt, eins vorne, eins hinten, wo draufsteht: ›Ich habe mich heute alleine angezogen!‹«

Der zweite Vers, in dem von der tüchtigen Frau die Rede ist, steht in den Sprüchen. Dort heißt es: »Ihre Anweisungen gibt sie freundlich.«

Dasselbe könnte man auch mit einem amerikanischen Sprichwort ausdrücken: »Mit Honig fängt man mehr Fliegen als mit Essig.«[61]

Wenn meine Kinder mit all ihren Cousins und Cousinen zusammen sind, verteilen sich ihre Spielsachen binnen kürzester Zeit gleichmäßig im ganzen Haus. Ich als gute Martha-Mutter stampfe dann durchs Haus und gieße überall Essig drüber. »Schluss! Jetzt reicht's! Ich habe euch schon dreimal gesagt, ihr sollt im Wohnzimmer aufräumen, und ihr habt es immer noch nicht getan! Dass eure Cousins und Cousinen zum Spielen da sind, heißt noch lange nicht, dass ihr in jedem Zimmer euren Mist herumliegen lassen könnt! Bla, bla, nörgel, nörgel, schimpf, schimpf!«

Meine Schwägerin Juliana dagegen verwendet Honig. Sie geht in aller Ruhe zu den Kindern, hockt sich zu ihnen nieder und schaut ihnen ein Weilchen zu. Dann sagt sie etwas in der Art wie: »Was spielt ihr denn da Schönes ... ja? Toll! ... Hört mal, ich glaube, ihr habt hier so viel Spaß, dass ihr ganz vergessen habt, die Spielsachen im Wohnzimmer aufzuräumen. Wahrscheinlich habt ihr gar nicht mitbekommen, wie eure Mama und ich euch darum gebeten haben. Wie wär's, ihr lauft jetzt und erledigt das erstmal, und wenn ihr fertig seid, spiele ich ein paar Minuten mit, ja?«

Es funktioniert jedes Mal. Die Kinder gehorchen. Der Friede bleibt gewahrt. Und ich werde daran erinnert, dass Bestätigung besser ist als Angriff. Und daran muss ich oft erinnert werden.

Das soll nicht heißen, dass Bestätigung die Grunddisziplinen des Respekts, der Ordnung und der Verantwortung außer Acht lässt. Aber es soll heißen, dass unsere Liebe zu unseren Kindern nicht von ihrer schwankenden Tagesform in diesen Disziplinen abhängt.[62]

Das *müssen* sie wissen, aber was wir nicht haben, können wir auch nicht geben. Darum glaube ich, dass das Beste, was wir für unsere Kinder tun können, darin besteht, dass wir Gottes bedingungslose Liebe zu *uns* begreifen. (Na ja, das, und dass wir dafür sorgen, dass sie sich die Zähne putzen.)

# Futter für zukünftige Therapiesitzungen

Shawnee, die momentan bewusst noch keine Kinder hat, macht sich Sorgen, ob sie fähig ist, eine gute Mutter zu werden. »Werde ich meinen Perfektionismus an meine Kinder weitergeben, so dass sie sich selbst nicht so annehmen können, wie Gott sie gemacht hat? Werde *ich* sie so annehmen, wie Gott sie gemacht hat? Das Formen einer Seele ist eine Furcht einflößende Aussicht.«

Furcht einflößend – das kann man wohl sagen.

Allein die vier Gefahren, die wir in diesem Kapitel betrachtet haben, reichen aus, um eine Frau dazu zu bringen, sich freiwillig zu einer Friedenstruppe in der Antarktis zu melden. Hier sind sie noch einmal:

1. Besserwisserei, bevor wir selber Kinder haben;
2. Kulturschock, wenn wir unser erstes Baby haben;
3. Entgleisen aus der Spur der Vollkommenheit;
4. unsere Neigung, zu viel zu korrigieren und zu wenig zu bestätigen.

Nach Ansicht des Erziehungsberaters Dr. Chuck Lynch hinterlassen perfektionistische Eltern tatsächlich bleibende Spuren bei ihren Kindern. Er sagt: »Wenn wir erwachsen und unsere Eltern im fortgeschrittenen Alter sind und weicher, nachsichtiger und fürsorglicher werden, haben sie vielleicht nicht mehr viel Ähnlichkeit damit, wie sie in ihren ersten Jahren als Eltern waren. Aber wir leben heute dieselbe Erziehung aus, die wir anfangs von ihnen bekommen haben.«[63]

Und jetzt? Haben wir Martha-Mütter alles vermasselt? Sind unsere Kinder jetzt schon dazu verurteilt, später einmal ihr sauer verdientes Geld für eine teure Therapie ausgeben zu müssen, weil wir sie von frühester Kindheit an beharrlich zum Händewaschen und Aufräumen angehalten haben?

Dr. Lynch sagt, das Einzige, was schlimmer ist als ein Fehler, ist ein Fehler, der nicht korrigiert wird.*

Perfektionistische Erziehung hat nichts mit dem Kind und dafür umso mehr mit der Mutter zu tun, denn Perfektionismus beruht auf Angst, nicht auf Glauben. Er beruht auf der Angst der Mutter vor Entdeckung [dass auch sie Fehler hat], Ablehnung und Verlassenwerden.

Darum ist es wichtig, zu dem Kind zu gehen und zu sagen: »XYZ war falsch von mir. Was ich getan habe, habe ich aus Angst getan und nicht, weil du etwas falsch gemacht hast. Kannst du mir bitte verzeihen?«[64]

Ich kann Ihnen versichern, wann immer ich so zu meinen Kindern komme, überschütten sie mich mit Umarmungen und Küssen. Ihre Vergebung gibt mir die Energie, dem Perfektionismus zu widerstehen, und das macht uns alle fröhlicher und entspannter.

Versuchen Sie es mal bei Ihren Kleinen oder auch nicht so Kleinen. Wenn Sie nicht wenigstens eine Umarmung dafür bekommen, dürfen Sie sich aussuchen, ob Ihre Küche geputzt oder Ihre Wäsche gebügelt wird, und ich werde selbstlos Dr. Chuck Lynch als Freiwilligen dafür melden. (Wo *habe* ich denn nur seine Telefonnummer?)

---

* Im Ernst! Bringt es Sie nicht auch auf die Palme, wenn Waren im Geschäft im falschen Regal stehen? Ich kann nicht am Ketchup vorbeigehen, bis ich das verirrte Glas saure Gurken an seinen rechtmäßigen Platz zurückgestellt habe. Dieser Drang, Dinge sofort in Ordnung zu bringen, der sich normalerweise gegen andere richtet, kann *für* uns arbeiten, wenn wir ihn als Starthilfe benutzen, um uns zu entschuldigen.

# Kapitel 12

# Post-Projekt-Depression (Schwangerschaftsstreifen nicht inbegriffen)

Schon mal vom Baby-Blues gehört?

Die Symptome sind Ess- und Schlafstörungen, Konzentrationsschwierigkeiten und Neigung zu Tränen. Das gilt doppelt für die Mutter. Wenn ihre Symptome sich verstärken oder irgendwann während des ersten Jahres nach der Geburt länger als drei Wochen anhalten, ist es wahrscheinlich so, dass sie vom Baby-Blues zur postnatalen Depression übergegangen ist.

Mit Hilfe meiner bekanntermaßen unangreifbar wissenschaftlichen Methode des Recherchierens (die darin besteht, meine Freundinnen mit E-Mails zu überfluten) habe ich herausgefunden, dass hundert Prozent aller befragten Marthas über verschiedene Grade von Post-*Projekt*-Depression berichten. Die Symptome ähneln denen der postnatalen Depression, nur ohne den hartnäckigen säuerlichen Milchgeruch.

## Meine Mit-Marthas singen den Blues

• Shawnee verbrachte, nachdem sie in eine neue Wohnung umgezogen war, einen ganzen Tag damit, den Ofen zu reinigen. »Als ich acht Stunden später das Projekt beendete, schrie mein Rücken nach Erlösung, und meine Arme und Beine hatten schon den Geist aufgegeben. Der strahlend saubere Ofen ist immer noch strahlend sauber, weil ich ihn kaum benutze. Wer würde das auch noch einmal durchmachen wollen!«

- Lynn stürzte sich auf die Gelegenheit, eine komplexe Broschüre für ihre missionarische Frauengruppe zu entwerfen, obwohl sie ohnehin schon überlastet war. Als sie fertig war, wusste sie nicht einmal mehr, ob sie überhaupt noch Mitglied sein wollte. »Stress saugt selbst einem Sahne-Projekt einfach alle Freude aus. Ich hätte auf diese spezielle Gelegenheit verzichten sollen.«

- Teri koordinierte eine große Konferenz in nur drei Monaten. Was passierte, als sie vorbei war? »Ich fiel einfach in mich zusammen wie ein nasser Sack. Mein Leben schien mir seltsam leer. Ich vermisste die Aufregung und den Adrenalinrausch. Ich war richtig rastlos, als ich nicht mehr über die Konferenz nachdenken musste. Ich war erschöpft von der Anstrengung und trauerte einigen Dingen nach, von denen ich mir wünschte, dass ich sie besser gemacht hätte.«

- Lori litt unter ihrer Unfähigkeit, zu freiwilligen Diensten in der Gemeinde nein zu sagen. »Es war nicht nur eine durchgearbeitete Nacht, sondern eine Reihe verschiedener Dinge. Ich war so stolz auf meine Dienste und tat *viel* zu viel.« (Nähere Einzelheiten über ihren fast tödlichen Burnout finden Sie in Kapitel 15.)

- Deanna leitet jährlich ein Wochenendseminar für 250 Schüler. »Hinterher habe ich Mühe, in die Realität zurückzufinden, während meine übrige Arbeit und mein Leben einfach mit demselben Level an Erwartungen weiterlaufen. Ich habe einen Monat damit verbracht, mich auf das Seminar vorzubereiten. Die Woche davor bin ich auf Hochtouren gelaufen und habe mich um alle Details gekümmert. Das Wochenende selbst habe ich damit verbracht, Feuerwehr zu spielen und es zu genießen, ›am Ruder‹ zu sitzen (Martha, wie sie leibt und lebt!). Dann kriege ich all die Dankeschöns ›für alles, was Sie tun, um das hier möglich zu machen‹, und komme nach Hause in ein leeres Haus und frage mich: ›Und jetzt?‹ Mein Körper braucht das Adrenalin und den Rausch, das alles zu organisieren, und wenn es dann vorbei ist, fühle ich mich einfach nur verloren und einsam. So, als müsste ich ganz schnell einen neuen Berg finden, auf den ich klettern kann, um das Gefühl zu haben, etwas Lohnendes zu tun. Es ist ein unheimliches, leeres Gefühl.«

• Sheryl, die zwischen dem elften und diesem Kapitel wieder geheiratet hat, versuchte sich mit ihrem frisch gebackenen Ehemann an einer gründlichen Renovierung seines alten Hauses. Die Ergebnisse: »Am Ende schmissen wir die Pinsel weg und sagten: Vergiss es. Nimm *nie* eine Renovierung auf dich, wenn du frisch verheiratet bist, besonders mit einer Patchwork-Familie im Schlepptau. Ich war total deprimiert. Je mehr wir zu reparieren versuchten, desto mehr Dinge fanden wir, die zu reparieren waren. Das Geld ging uns aus, kurz nachdem wir schon den Verstand verloren hatten, und wir haben uns immer noch nicht wieder erholt.«

## Die Zyklen des Lebens

Da gibt es zum Beispiel den Zyklus der Spülgänge (nicht den Weichspüler vergessen). Den Menstruationszyklus. Und den Zyklus der Post-Projekt-Depression. (Glauben Sie nicht, dass irgendeine Martha dagegen gefeit ist.)

Wenn Sie jetzt die Zyklusphasen der Post-Projekt-Depression (PPD) nachlesen, erinnern Sie sich an das erste Kapitel, wo ich erzählt habe, wie meine frühere Kollegin Teresa und ich den Lagerraum in Ordnung brachten.

*Phase 1*
Martha bemerkt einen Punkt, der verbessert werden muss. Ein herrliches Leuchten scheint in ihren Augen auf. Sie stellt sich vor, wie das fertige Projekt zum Maßstab wird, an dem alle anderen gemessen werden (und scheitern). Die wesentlichen Merkmale dieser Phase sind *übersteigerter Optimismus* in Bezug darauf, wie wunderbar

dieses Projekt werden wird, und *Unterschätzung* des Aufwandes, den das Projekt erfordern wird. Dennoch ist Martha begierig, es in Angriff zu nehmen.

## Phase 2

Martha handelt unverzüglich, durchgreifend und unabhängig. Sie hält sich nicht damit auf, eine offizielle Erlaubnis einzuholen. Ist ein Projekt erst einmal begonnen, will Martha nicht mehr lockerlassen, bis es erledigt ist, und zwar richtig. Sie verzichtet auf Pausen, Mahlzeiten und sogar Schlaf, um ihr Ziel zu erreichen, an dem betreffenden Punkt Perfektion herzustellen. Für Martha ist ihr Körper kein Tempel – er ist eine Rakete.

## Phase 3

Martha denkt irrational. Während sie arbeitet, stellt sie sich vor, wie das fertig gestellte Projekt ihr langfristig Stress abnehmen und Zeit ersparen wird, weil es *ein für alle Mal* getan sein wird. Das Projekt selbst verwandelt sich in eine Lawine und treibt Martha dazu, sich in immer kleineren Details zu verlieren und immer höhere Maßstäbe anzulegen. Sie stellt sich vor, wie die Leute dankbar ihr Geschick und ihre Opferbereitschaft bewundern werden, und sei es nur zwischen ihren Ausflügen zur Cafeteria, um sich ein Teilchen zu holen.

## Phase 4

Martha weidet sich an dem fertig gestellten Projekt. Für einen Produktivitäts-Junkie ist das mehr als die Befriedigung, eine Sache gut gemacht zu haben, es ist ein buchstäblicher Rausch. Martha lässt sich auch liebend gerne bauchpinseln. »Das haben Sie großartig gemacht. Sieht wirklich toll aus. Es war schon lange nötig, dass jemand das mal anpackt.« Aber die Leute haben oft ein kurzes Gedächtnis für die Leistungen anderer. Sie werden nicht für immer auf Zehenspitzen um die manikürten Umrisse von Marthas Projekt herumtänzeln.

*Phase 5*

Martha prallt hart auf die Realität. Ihr Projekt ist langsam überholt, beginnt zu verfallen oder (»Wer *wagt* es!«) wird kritisiert! Schlafmangel hat ihr die Perspektive verrutschen lassen. Der immense Aufwand an körperlicher und emotionaler Energie hat ihre ohnehin chronisch niedrigen Reserven völlig ausgeschöpft. Marthas Gefühle sind ziemlich am Boden. Sie kann sich der Schlussfolgerung nicht entziehen, dass sie für all ihren Aufwand nur wenig gewonnen hat. Das hat sie alles so nicht erwartet.

*Phase 6*

Martha fällt in Depressionen. Sie empfindet Zorn gegenüber denen, die nicht ehrfürchtig vor ihrem Projekt stehen, und jammert: »Warum gebe ich mir überhaupt Mühe? Außer mir ist das doch allen völlig egal!« Vielleicht fühlt Martha sich auch von dem Projekt selbst verraten, weil es trotz allem, was sie hineingesteckt hat, unvollkommen ist. Schließlich ist sie vielleicht auch enttäuscht von sich selbst, weil sie nicht die Hyperproduktivität aufrechterhalten kann, die sie auf dem Gipfelpunkt des Projektes so genossen hat.

## Mission: Erholung

Der Begriff PPD mag neu sein, aber die Erscheinung ist es nicht. Vor Tausenden von Jahren schon ging jemand vom Gipfel eines Projekts hinab ins Tal des Burnouts. Was Gott damals dem Propheten Elia verordnete, ist auch gut für uns Marthas heute – eine Erholungsphase, in der er aß, ausruhte und sich entspannte.[65]

Ich weiß nicht, wieso ich nicht schon längst auf diesen Gedanken gekommen bin. Sobald ich ihn beherzigte, verringerte sich meine PPD bedeutend. Es funktioniert so: Nach jedem anstrengenden Projekt plane ich eine Erholungsphase ein – und nehme sie mir auch. Je anstrengender das Projekt, desto länger die Erholungsphase. Diese Zeit ist nicht dazu da, all die anderen Dinge nachzuholen, die während meines alles in Anspruch nehmenden Projektes vernachlässigt wurden. Die Erholungsphase ist nur für mich. Mein Körper muss sich wieder aufladen, mein Geist braucht Erfrischung und meine Beziehung zu Gott und zu anderen Menschen muss erneuert werden.

Zu oft wählen wir Essen, Ruhe und Freizeitbeschäftigungen danach aus, was am schnellsten geht; was uns am wenigsten bei unseren Projekten in die Quere kommt. Das mag effizient sein, aber es ist niemals gesund und selten befriedigend.

### Nahrhaft und köstlich

Stellen Sie sich vor, ich halte Ihnen einen gehäuften Teller leckerer »Hausmannskost« unter die Nase, der eines Stilllebens von Norman Rockwell würdig wäre. Und jetzt wählen Sie, ob Sie das essen wollen oder eine ganze Tüte Bonbons. Beides wird Ihren Magen füllen, aber nur eins davon wird Sie befriedigen.

*Essen Sie, um befriedigt zu werden!* Wenn wir mitten in der Hektik des Projekts mit einer Hand irgendwelches Junkfood in uns hineinstopfen, wird unser Magen voll, aber wir werden nicht befriedigt. Und damit geben wir unserem Körper auch nicht den richtigen Brennstoff, um in Topform zu sein. Gesundes Essen tut beides.

### Schlafen Sie gut

Marthas haben so viele Probleme mit dem Schlafen, dass ich ihnen das ganze Kapitel 15 widme. Entscheidend ist, dass wir nachts länger schlafen und unseren Widerwillen gegen ein »Power-Nickerchen« während des Tages aufgeben.

*Schlafen Sie, um befriedigt zu werden!* Wenn wir uns den Schlaf rauben lassen, um an Projekten zu arbeiten, kommt das vielleicht unserer Gier nach Produktivität entgegen, aber wir werden entkräftet in den nächsten anstrengenden Tag gehen.

### Immer schön locker bleiben

Viel zu viele von uns nutzen Pausen lediglich dazu, von einer Aufgabe zur anderen zu wechseln. Zeit für eine Kaffeepause? Da können wir schnell ein paar Anrufe erledigen und Fotokopien machen. Zeit fürs Mittagessen? Wir haben noch etwas in der Stadt zu tun. Zeit fürs Wochenende? Daheim warten der Haushalt und die Wäsche.

*Entspannen Sie sich, um befriedigt zu werden!* Eine Pause sollte genussreich, erfrischend oder beides sein. (Kapitel 14 geht näher darauf ein.) Wichtig ist auch, während dieser Zeit den Kontakt zu unseren Mitmenschen aufzufrischen. Beziehen Sie sie also in Ihre Freizeitplanung ein.

### Grenzen definieren

Essen, schlafen und entspannen, um befriedigt zu werden, das sind die Heilmittel gegen PPD. Indem wir die Grenzen festlegen, wie weit wir für ein Projekt gehen sollten, verhüten wir einen Rückfall.

Marthas fällt es oft schwer zu beurteilen, welche Aufgaben große Opfer lohnen. Zum Beispiel kann es sein, dass wir uns in die folgenden Aufgaben mit gleich großer Opferbereitschaft hineinstürzen:

• Sich auf eine Landmine werfen, um die Kameraden zu retten.
• In eiskaltes Wasser springen, um ein ertrinkendes Kind zu retten.
• Zwei Wochen lang nonstop schuften, um einen Heimvideofilm für Onkel Freds Pensionierungsfeier zusammenzuschneiden.

Oft geraten wir in die PPD, weil wir es versäumt haben, gesunde Grenzen zu ziehen. Eine Grenze ist keine Barrikade, die uns davon abhält, Erfolge zu erzielen, sondern eine Hecke, die uns davon abhält, aus dem gesunden Bereich herauszugehen. Unsere großartigen Pläne für das Projekt können uns ansporn, einfach durch die Hecke hindurchzustürmen, indem wir auf Mahlzeiten, Erholung und Entspannung verzichten. Doch es ist viel besser, unsere erhabenen Ziele ein bisschen herunterzuholen und innerhalb der grünen Grenzen der Gesundheit zu arbeiten.

Welche Alternativen gibt es dazu, sich für Onkel Freds Video bis zur völligen Erschöpfung aufzureiben? Zum Beispiel könnte man eine Umlage in der Familie machen und das von Profis erledigen lassen. Oder die Arbeit auf mehrere Verwandte verteilen. Oder, wenn wir wirklich radikal werden wollen, statt des Videos etwas weniger Aufwändiges, aber ebenso Bedeutsames tun.

Gesunde Grenzen sind eine wesentliche Vorbeugung gegen PPD. Und außerdem werden wir dann nicht so am Boden zerstört sein, wenn wir entdecken, dass Onkel Fred das ganze Ding mit einer Folge *Rauchende Colts* überspielt hat.

## Eine geheime Tür

Vor Jahren dachte ich, das Gegenmittel gegen extremen Stress und PPD sei mehr Kraft. Doch dann fand ich heraus, dass die Antwort in einem Paradox liegt. Unser Glaube ist voll von Paradoxen, wissen Sie. Wenn wir die Ersten sein wollen, müssen wir die Letzten sein. Wenn wir weise sein wollen, müssen wir zu Narren werden. Wenn wir stark sein wollen (und welche Martha will das nicht!), müssen wir schwach werden.[66]

Für Marthas ergibt das keinen Sinn. Lieber stürmen wir noch wilder und schneller voran; walzen Hindernisse mit der Kraft unseres Willens nieder; verlangen unserem Körper mehr ab als das, wofür er geschaffen ist. Nein, wir Marthas haben wenig Toleranz gegenüber Schwäche, bei wem auch immer – am allerwenigsten bei uns selbst.

Aber Schwäche ist kein Hindernis. Sie ist eine segensreiche Grenze, die uns daran erinnert, wer Gott ist und wer nicht.

Große Dinge für Gott zu tun ist nicht der Kern des geistlichen Lebens. Nicht, indem wir Hochhäuser überspringen oder schneller fliegen als eine Gewehrkugel, ziehen wir Gottes Segnungen an. Sondern wenn wir ans Ende unserer eigenen Kräfte gelangen – wenn wir unsere Bedürftigkeit erkennen und um Hilfe bitten –, das ist der Anfang und die Grundlage des christlichen Lebens. Die Bibel äußert sich ganz klar über die geistliche Bedeutung unserer Schwachheit: Gottes Kraft ist in den Schwachen mächtig. Das ist kein Einzeiler für Kawohl-Postkarten. Es ist eines der Fundamente für jedes geistliche Wachstum. ... Gerade, wenn wir uns in unsere Schwachheit hineinlehnen, statt vor ihr davonzulaufen, erleben wir Dinge, die in der Sicherheit unserer Komfortzonen unvorstellbar sind. ... Entgegen all unseren Instinkten ist also die Bedürftigkeit, die für uns so erschreckend sein kann, in Wirklichkeit die Gelegenheit, die es uns ermöglicht ... den Heilungsprozess zu beginnen.[67]

Wie kann das Gegenmittel gegen unsere Schwäche noch mehr Schwäche sein? Joni Eareckson Tada ist seit einem Badeunfall, den sie mit siebzehn Jahren hatte, vom Hals abwärts querschnittsgelähmt. Hier ist ihre Sicht der Dinge:

> Meine Behinderung ist mein größter Vorteil beim Beten, da sie mich frühzeitig ins Bett zwingt, wo ich, sobald ich liege, mehrere Stunden zum Meditieren und Nachdenken habe. ... Das ist eine wunderbare »Maria«-Zeit für mich, eine »Martha«. Ich weiß nicht, ob ich, wenn ich laufen könnte, die Disziplin hätte, um so viel Zeit nur im Gebet zu verbringen – und darum »rühme ich mich meiner Schwachheit«: Sie verschafft mir Zeit, die ich sonst vielleicht nicht dem Herrn widmen würde.[68]

Wir können zornig sein über unsere Begrenzungen, oder wir können uns »in sie hineinlehnen«, wie es Joni tat. Wenn wir das tun, werden wir feststellen, dass unsere Schwachheit keine Mauer zwischen uns und unseren Plänen ist. Unsere Schwachheit ist eine offene Tür für Gott, der sagt: »Verlass dich ganz auf meine Gnade. Denn gerade wenn du schwach bist, kann sich meine Kraft an dir besonders zeigen.«[69]

## Eine Martha-Mentorin

Roxie Ann Wessels, eine gottesfürchtige Großmutter, erzählt vor Frauengruppen, was sie mit PPD erlebte, als sie in ihren Vierzigern war:

> Ich hatte mir das selbst mit meiner Dummheit eingebrockt.

Meine Tage waren angefüllt mit »Das muss ich noch – und das – diese Liste – zu viel zu tun – nicht genug Zeit.« Die gelbe Ampel der Vorsicht hatte ich längst überfahren. Die Folge? Schlaflose Nächte, Panikattacken und Depressionen.

Mit Gottes Wort als Rettungsleine und seinem Geist, der mich lehrte und leitete, fing ich an, mich der Wahrheit über mein Zu-viel-Tun und meine Überanstrengung zu stellen. »Ihr werdet die Wahrheit erkennen, und die Wahrheit wird euch frei machen.« Ich lud Gott ein, die Tarnung, den Selbstbetrug und den Stolz von mir zu nehmen, die sagten: »Ich bin stark. Ich kann das alles bewältigen. Ich habe alles im Griff.«

Der Perfektionismus hatte seine Wurzeln in meiner Kindheit. Ich versuchte immer, durch meine Stärke und meine Bemühungen für Gott annehmbar zu werden – genau, wie ich es bei meinen Eltern getan hatte.

Okay, jetzt wissen wir, wo sie *war* – genau da, wo viele von uns heute sind. Aber sie blieb nicht dort. Roxie Ann fährt fort:

Lassen Sie mich von meiner Heilung erzählen.

Zwei Jahre lang weigerte ich mich jeden Abend bewusst, mich mit negativen Gedanken zu beschäftigen, und fing an, meinen Geist mit Gedanken über Gott und sein Wort zu füllen.

Dann beugte ich meinen Willen – meine Knie – bewusst zum Lobpreis, in dem Gott wohnt. Bald fing ich an, das Beste in den Situationen zu sehen statt das Schlimmste! Und ich fing an, ihm für das Geschenk des Lachens zu danken! Das Geschenk des Humors!

Dann musste ich das Unerfüllte akzeptieren. Es gibt so vieles, was wir nicht schaffen werden! In gewisser Hinsicht bestimmt dieser ganze Akt des Abgebens – des Akzeptierens – das Niveau unseres christlichen Lebens.

Mit der Zeit machte mich Gott zu dem ganzen Menschen, als den er mich gewollt hatte.[70]

Richard Swenson, Autor des Buches *The Overload Syndrome*, hat ebenfalls etwas zu PPD zu sagen:

Wenn der Stress ein extremes Maß erreicht, ist Burnout die Folge. Wenn Sie das nächste Mal im Wald sind, suchen Sie sich einen kleinen Setzling und biegen Sie ihn herab. Wenn Sie loslassen, wird sich das Bäumchen wieder aufrichten. Nun biegen Sie denselben Setzling herab, bis er bricht. Wenn Sie jetzt loslassen, kann er sich nicht mehr aufrichten. Das ist ein Bild für den Burnout. Genauso passen wir uns im Leben immer weiter an die Anforderungen an – und dann bricht plötzlich etwas in uns entzwei. Wenn das geschieht, braucht die Heilung viel Zeit. Ich persönlich glaube nicht, dass wir danach je wieder dieselbe Begeisterung, Unschuld und Leidenschaft zurückbekommen können, die wir vorher hatten. Ja, es gibt ein Leben nach dem Burnout. Aber ein Großteil der Heilung besteht in der Narbenbildung.[71]

## Wahrheit oder Konsequenzen

In den USA gab es einmal eine Fernsehspielshow namens *Truth or Consequences* (Wahrheit oder Konsequenzen). Wenn es um Projekte geht, stehen Marthas vor derselben Wahl. Wir haben schon mehrfach darüber gesprochen, welche entscheidende Rolle die Täuschung für den extremen Martha-Lebensstil spielt. Bei unserem Marthatum sind mehr Lügen im Spiel als in einem Untersuchungsausschuss des Parlaments.

Sie wissen nicht genau, was ich damit meine?

Jesus sagte: »Ihr werdet die Wahrheit erkennen, und die Wahrheit wird euch frei machen.«[72]

Hmm ... frei habe ich mich noch nie gefühlt, nachdem ich ein Projekt abgeschlossen hatte. Ich fühlte mich ausgelaugt, enttäuscht und defensiv. Vielleicht lag das daran, dass ich von einer Lüge ausgehend operiert habe statt von der Wahrheit aus. Denken Sie daran, Freiheit kommt durch Wahrheit.

Viele Marthas schätzen ihren eigenen Wert nur so hoch ein wie den Erfolg ihres letzten Projekts. Das ist eine Lüge. Unser Wert beruht auf Christus allein. Er ist alles, was wir je sein werden, und doch teilt er großzügig seine Identität mit uns. *Das* ist die Quelle unseres Wertes. Einmal hörte ich einen alten Prediger sagen: »Wenn Sie wissen wollen, was ich wert bin, dann fragen Sie den, der mich erkauft hat.«* Wenn wir diese Wahrheit leben, werden wir frei von der Sklaverei, perfekte Leistungen bringen zu müssen. Neil Anderson sagt: »Allzu oft versuchen wir, unser Verhalten zu ändern, ohne unsere Überzeugungen zu ändern. Nichts wird Ihr Verhalten stärker verändern als eine wahre Erkenntnis Gottes und Ihrer Identität als sein Kind.«[73]

Wenn wir das begreifen, wird unser Leben aufhören, eine leere Serie von Projekten zu sein, die uns immer erschöpfter zurücklassen. Das Leben wird ein überfließender Pfad zu Freiheit, Freude und Gesundheit sein, der uns die Energie gibt, Christus so zu kennen, wie er es beabsichtigt hat.


## Ein zufriedener Kunde

Das Schreiben dieses Buches war ein riesiges Projekt; bisweilen hat es alles andere verschlungen. Und doch fühle ich mich jetzt, wo der Abgabetermin für das Manuskript naht, nicht angespannt, gereizt oder am Rande eines schweren PPD-Zusammenbruchs. Ich bin aufgeregt! Begeistert! Medikamentös ruhig gestellt!**

---

\* Ich hätte »Amen!« gerufen, aber so eine Gemeinde war das nicht. Ein Nicken und ein Lächeln waren erlaubt, aber nur am Sonntagabend im informellen Gottesdienst.

\*\* Im Ernst – es gibt Zeiten, wo Marthas sich so lange so viel abverlangt haben, dass Ausruhen allein nicht mehr hilft. Wenn PPD länger als ein paar Wochen anhält, reden Sie mit einem Arzt, einem Geistlichen, dem Sie vertrauen, oder einem guten Therapeuten.

Sicher, ich werde mir erstmal eine Erholungsphase gönnen, sobald ich die Endfassung abgeschickt habe, aber sie wird viel kürzer sein, als es früher nötig gewesen wäre. Warum? Weil ich diesmal besser auf meine Grenzen geachtet habe als bei früheren Projekten.

Also gut. Ein paar Mal habe ich schon bis spät in die Nacht gearbeitet, aber nie die ganze Nacht durch, und am nächsten Tag habe ich immer lange geschlafen. Ein paar Mal kam zum Abendessen nur Müsli auf den Tisch, aber nicht oft, und dafür gab es am nächsten Tag dann immer eine warme Mahlzeit. Seien wir ehrlich, ein großes Projekt verlangt manchmal wirklich, dass wir anders essen, schlafen und uns entspannen. Aber es ist unendlich viel leichter, wieder in die Spur zu kommen, wenn diese Verschiebung unserer Grenzen *vorübergehend* und *minimal* bleibt.

Kompromisse sind in Ordnung. Kapitulation nicht.

Und wenn Sie mich jetzt entschuldigen wollen: Ich werde jetzt einen saftigen Braten fürs Abendessen in den Ofen schieben, mich aufs Sofa fläzen und die neue Pilcher lesen.

Machen Sie mit?

# Kapitel 13

# Nichts ist schwerer zu ertragen als 'ne Reih' von Feiertagen (Oder: Sechs Stunden an einem Mittwoch)

Am Vorabend eines Thanksgiving-Tages lächelte ich zur Begrüßung unerwarteter Gäste, während ich gleichzeitig fieberhaft überlegte, wie ich sie wieder loswurde.

Nachdem ich an diesem Mittwoch drei Stunden mit Einkaufen und Putzen für das Fest bei uns zu Hause verbracht hatte, hatte ich endlich mit Mühe und Not meine kleinen Lieblinge ins Bett gebracht. Als Nächstes stand auf der Liste ein nächtlicher Marathon in der Küche, um vier Kürbispasteten zu backen und ein Rezept für Brötchen zu modifizieren, das die »Plymouth Rocks« vom letzten Jahr noch übertreffen sollte. Mit etwas Glück könnte ich vor der Dämmerung noch ein Nickerchen machen. Doch als es an der Tür klingelte, flatterten meine Pläne für einen gelungenen Festtag davon wie trockenes Herbstlaub.

»Hi!«, dröhnte Barb, als sie, ihr Mann Leroy und ihre Wildfänge von Zwillingen sich an mir vorbei durch die Tür schoben. »Wir wollten nur mal kurz vorbeischauen!«

Binnen Sekunden waren meine fast eingeschlafenen Kinder wieder aus den Betten gesprungen und verteilten die für morgen reservierten Süßigkeiten. Binnen Minuten war mein Wohnzimmer mit Spielzeug

151

übersät, und meine Zunge blutete vom Draufbeißen. Und nach einer Stunde heftigen Winkens mit dem Zaunpfahl – »Das ist kein günstiger Zeitpunkt für einen Besuch«, und: »Tut mir Leid, dass ich euch keinen Kaffee anbieten kann« – stellte ich die Gretchenfrage.

»Barb, musst du denn gar nichts für das Thanksgiving-Essen morgen vorbereiten?«

»Nicht dieses Jahr, was für eine *Erleichterung*!«, krähte sie. »Wir besuchen meine Schwiegereltern, und ich muss keinen *Finger* krumm machen, um zu kochen oder zu putzen!« Sie lächelte und tätschelte ihrem Mann die Hand. »Heute Abend *entspannen* wir uns einfach und *genießen* den Feiertag.«

»Aber nicht bei mir zu Hause! Seid ihr denn völlig taub und blind? Jetzt räumt diese Spielsachen weg, packt eure Kinder ein und verschwindet!«, sagte ich noch Wochen danach in meinen Träumen. In diesem Moment jedoch sackte ich nur fassungslos in meinem Sessel zusammen. Barb missdeutete mein katatonisches Starren als fasziniertes Interesse und plapperte weiter. Irgendwann brach sie endlich mit ihrer Familie auf und hinterließ ein Meer von Chaos in ihrem Kielwasser.

Während der fünften Stunde war mein Zorn stärker als meine Erschöpfung. Ich entgiftete meine zuckergeschockten Kinder und steckte sie (wieder) ins Bett, räumte (wieder) die Spielsachen weg, rückte (wieder) die Kissen und Sessel zurecht, saugte (wieder) Staub, wischte (wieder) die klebrigen Fingerspuren ab und konnte dann endlich in die Küche gehen und mit dem Backen und Kochen anfangen.

Dort stellte ich fest, dass ich vergessen hatte, Kondensmilch zu kaufen. Also rief ich meinen Mann auf der Arbeit an und bat ihn, nach seiner Schicht vier Dosen davon zu kaufen. Stattdessen schleppte er Schlagsahne an. Erfahrene Köchinnen wissen, dass das nicht funktioniert. Ich warf ihm vor, er hätte selber einen Schlag, und stürmte hinaus, um mir meine Kondensmilch selbst zu holen. Verzweifelt irrte ich durch die dunklen Straßen, um irgendwo das letzte offene Geschäft mit der letzten Dose Kondensmilch in unserer ganzen Großstadt zu finden.

# Eine Fliege im Glühwein

Feiertage sind schon was Komisches. Als Kind liebte ich sie! Als Erwachsene fürchte ich sie. Irgendwo zwischen damals und heute fand eine Umwälzung statt, und ich glaube, ich weiß ziemlich genau, wann der Zeiger umschlug.

Vor ungefähr fünf Jahren im Juni entdeckte meine Tochter im Einkaufszentrum die ersten Weihnachtsdekorationen. Also gut, zugegeben, es war Mitte Oktober, aber ich fand es immer noch viel zu früh.

»Mama! Guck mal! Weihnachten!«, schrie sie mit einem Freudenjuchzer. Und schon rannte sie voraus, um das festliche Gepränge zu bestaunen, während ich hinterhertrottete und ihren damals noch ganz kleinen Bruder Andrew in seinem Buggy vor mir herschob.

»Oh, Mama, überleg mal!«, fuhr Elizabeth atemlos fort und streckte die Hand aus, um die Dekorationen zu befühlen. »Bald können wir wieder Kekse backen und Geschenke kaufen, und schöne Karten verschicken, und den Weihnachtsbaum schmücken, und ich muss nicht in die Schule, und wir kriegen Besuch, und du machst ein Riesenfestessen, und ...« Zumindest glaube ich, dass sie das sagte, denn gleich, nachdem sie vom »Keksebacken« gesprochen hatte, wurde mir schwarz vor Augen. Ihre Vorstellung vom Keksebacken besteht darin, dass sie sich für drei Tage einen Kommandoposten in der Küche einrichtet und backt, bis der Ofen schmilzt. Daran ist natürlich niemand schuld außer mir selbst, denn das ist genau meine Art, an die Feiertage heranzugehen – kein Detail ist zu belanglos, denn *schließlich ist Weihnachten*, und all diese Mühe mache ich mir für *meine Familie*, um ihr zu zeigen, wie sehr ich *sie liebe*.

Älter und weiser (und vor allem müder) geworden, versuchte ich es mit einer anderen Taktik.

»Du, Elizabeth! Lass uns dieses Jahr mal etwas Neues ausprobieren. Wir kaufen uns etwas von diesem eingefrorenen Teig, den wir in Scheiben schneiden und dann backen können.«

Sie wirbelte zu mir herum, Augen und Mund vor Entsetzen weit aufgerissen.

»*Mama!* Das wäre doch nicht *Weihnachten!*«

Hilfe. Ich habe eine Martha geschaffen.


## Extremer als extrem

Irgendwo haben wir Marthas die Vorstellung aufgeschnappt, dass an Feiertagen unsere ohnehin schon überbeanspruchte, überengagierte, extreme Persönlichkeit sich noch ein kleines Stück weiter strecken sollte.

Nicht nur sollte unser Zuhause jederzeit sauber und ordentlich sein, sondern es muss auch geschmackvoll und von Zimmer zu Zimmer zusammenpassend nach dem Thema des Feiertages dekoriert sein.

Nicht nur sollten unsere Mahlzeiten gesund, heiß und pünktlich sein, sondern sie müssen auch mit traditionellen Lieblingsspeisen und jahreszeitlichen Köstlichkeiten aufgewertet werden – alles selbst gemacht, versteht sich.

Nicht nur sollten wir unseren alltäglichen Papierkram jederzeit im Griff haben, sondern wir sollten auch einen persönlichen Gruß, ein professionelles Familienporträt und einen gut geschriebenen Rundbrief an alle verschicken, die wir je gekannt haben, um ihnen von den Segnungen Gottes im vergangenen Jahr zu erzählen.

Nicht nur sollten wir als gute Haushälterinnen unser Budget einhalten, sondern wir sollten auch großzügig für gute Zwecke spenden und wohl bedachte Geschenke für alle kaufen, vom Babysitter bis zum Organisten auf der Hochzeit meiner Cousine vor neun Jahren.

Nicht nur sollten wir für alle Zeit jung, schlank und schön sein, sondern wir brauchen auch ein glitzerndes Festkleid für die Weihnachtsfeier in der Firma und zueinander passende Outfits für die Familie für die stillen Abende, an denen wir vor dem Kamin sitzen und unsere Bowle schlürfen.

Nicht nur sollten wir regelmäßig in der Gemeinde mitarbeiten, sondern wir müssen auch den Kinderchor leiten, für das Obdachlosenheim kochen und die Kostüme für das Krippenspiel in der Gemeinde nähen. Und wenn wir auch nur bei der kleinsten Kleinigkeit versagen, dann ist das ganze Fest für alle im Eimer.

Bleibt für mich nur eine Frage: »Wer sagt denn das?«

Wer hat sich dieses ganze Zeug einfallen lassen? All diese ach so wichtigen, unverzichtbaren und notwendigen Dinge? Los doch! Nennen Sie mir jemanden, dem ich die Schuld geben kann, damit ich meinen Zorn an ihm auslassen kann. Wie wäre es damit, die Schuld den Medien zu geben? Das ist heute sehr populär.

Frauen werden gezeigt, wie sie mit einer Unzahl von Aufgaben jonglieren, und das mit der Geduld eines Hiob und mit der Garderobe einer Kandidatin für die am besten gekleidete Frau des Landes. Vom schaumgefestigten Haar bis zu den manikürten Fingernägeln hat die typische Fernsehheldin alles im Griff. Ihre Füße in den Lederpumps ruhen nie, nicht einmal, wenn in einen ohnehin schon vollen Zeitplan mit Haushalt und Beruf auch noch ein Familienfest eingebaut werden muss.

Frauen, die sich typischerweise um alle Details einer solchen Feier kümmern müssen, werden durch Zeitschriften, auf deren Titelseiten die letzten Trends in der Gästebewirtung gezeigt werden, noch zusätzlich unter Druck gesetzt. Wenn sie nur ein paar Mark für den Kauf dieser Zeitschrift aufwendet, so die Anmutung, hat es jede Frau in der Hand, das schönste Weihnachtsfest (Osterfest, Geburtstag, Silvester) zu gestalten, das ihre Familie je erlebt hat. Was solche Druckerzeugnisse verschweigen, ist, dass dieses Zwölf-Gänge-Menü, die fünflagige Torte und die dreiundsiebzig handgefertigten Geschenke schon Wochen im Voraus von bezahlten Profis vorbereitet wurden! Kein Wunder also, dass Frauen, die von sich verlangen, solche Heldentaten im Alleingang zu vollbringen, am Ende genervt, zornig und deprimiert sind – ausgebrannt.

Auch Fernseh- und Radiosendungen verbreiten Tipps, wie man schöne Festtagserinnerungen schafft. Es wimmelt von Anregungen für schnelle, einfache und preiswerte Gerichte, Dekorationen und Geschenke. Sind diese Anregungen realistisch? Oder vermitteln diese Sendungen die verborgene Botschaft, Frauen, die nicht persönlich als Schöpfer bedeutungsvoller Familientraditionen hervortreten, hätten versagt? Manchmal hört man die Implikation heraus, in Kindern würde für immer eine innere Leere zurückbleiben, wenn ihre Mütter nie die Körbe für die Ostereier selbst geflochten hätten.[74]

Ist Ihnen gerade ein lautes »Amen!« entfahren? Mir schon. Endlich versteht jemand den Druck, dem Frauen an Feiertagen ausgesetzt sind. Aber ob zu Recht oder zu Unrecht, das Problem wird nicht dadurch gelöst, dass wir die Schuld den Medien zuschieben. Und das Problem ist, dass Marthas an Feiertagen nicht nur gestresst sind – sie sind *mega-gestresst*.

Wo liegt die Lösung? Gehen wir noch einmal ein paar Dinge, die wir schon über unseren gemeinsamen Perfektionismus gelernt haben, durch und wenden wir sie auf die Feiertage an:

1. Perfektionismus ist eine Illusion.
2. Wahrheit macht uns frei; Lügen halten uns in Ketten.
3. Gottes Liebe zu uns beruht auf seinem Charakter, nicht auf unserer Leistung.
4. Unsere inneren Fähigkeiten sind Gaben, die wir innerhalb gesunder Grenzen anwenden sollten.
5. Nur eines ist notwendig.

Auf Feiertage angewendet, lassen sich diese fünf Punkte folgendermaßen in die Praxis umsetzen:

1. *Perfekte Feiertage sind eine Illusion, die durch die Werbe- und Unterhaltungsindustrie verbreitet wird.* Es macht Spaß sie sich anzuschauen, aber es ist nutzlos sie anzustreben. Einer meiner

Lieblings-Feiertagsfilme ist der Musical-Klassiker *Weiße Weihnachten*. Als ich ihn das letzte Mal sah, fiel mir auf, wie viele unrealistische Details er enthält. Sobald sich die von Bing Crosby und Danny Kaye gespielten Figuren nach dem Krieg zusammentun, geht nichts mehr ernsthaft oder dauerhaft schief. Am Ende des Films sind alle losen Fäden säuberlich verknüpft, und die warmen, rührseligen Gefühle sind so reichlich (und so unecht) wie die in letzter Minute einsetzenden Filmschneeflocken.

2. *Unterziehen Sie jede* Sollte-Müsste-Muss-*Botschaft dem folgenden Test: Ist sie wahr?* Ist es zum Beispiel wahr, dass Sie Ihr ganzes Haus zu den Festtagen nach einem durchgängigen Motiv dekorieren müssen? Nein. Das ist nicht wahr. Dekorationen sind strikt freiwillig. Wenn nötig, sagen Sie sich das jeden Tag zehnmal laut vor. Es ist möglich, Festtage mit Bedacht zu begehen, ohne einen einzigen Zimmerschmuck, eine Kerze, eine Tischdekoration oder eine Lichterkette im Garten zu installieren. (Wenn dann Ihre Familie protestiert: »Das ist gar nicht wie Weihnachten!«, dann muss sie eben umlernen, was Weihnachten wirklich ist. Irgendjemand muss zum Wohle künftiger Generationen den Zyklus unrealistischer Erwartungen durchbrechen. Warum nicht Sie?) Denken Sie daran: Die Wahrheit macht uns frei, und Lügen ziehen uns herunter. Wenn Sie sich von Ihren Feiertagsaufgaben heruntergezogen fühlen, schauen Sie sich genau an, *warum* sie sich diese Aufgaben eigentlich aufladen. Höchstwahrscheinlich sind die Gründe Lügen.

3. *Unsere Unvollkommenheiten sind eingebaut.* Dauerhaft. (Jedenfalls in diesem Leben.) Ist es nicht irgendwie interessant, dass ein unendlicher, heiliger Gott geringere Erwartungen hat als wir selbst? Für die Geburt seines eigenen Sohnes fand Gott einen kleinen, staubigen Stall gerade recht. Hätte Gott eine Martha gebeten, einen Raum für die Geburt seines Sohnes vorzubereiten, so hätte das zu monatelangen hektischen Vorbereitungen,

Dekorationen, Aufgabenverteilungen und Budgetüberziehungen geführt. Und am Ende würde Martha sich immer noch wünschen, sie hätte mehr Zeit, mehr Platz, mehr Hilfe und mehr Geld gehabt. Der Grund ist, dass die mega-gestresste Martha nicht kapiert hat, worum es eigentlich geht: Gott möchte uns nicht bewerten, sondern seine Freude an uns haben! Hätten Sie mehr Freude an einer Beziehung zu einer hektischen, ständig rotierenden Person oder zu einer Person, für die es das Beste im Leben ist, einfach mit Ihnen zusammen zu sein? Sehen Sie – so geht es mir auch.

4. *Unsere natürlichen perfektionistischen Fähigkeiten wirken wie ein Magnet für Projektangebote.* Als Marthas lieben wir Aufmerksamkeit. »Niemand kümmert sich so gut um Details wie Sie. Könnten Sie bitte dieses Jahr die Osterprozession organisieren?« Denken Sie an das, was wir in Kapitel 12 darüber gelernt haben, wie ein Mangel an Grenzen zum Burnout führt. Planen Sie Ihre Festtage unter Gebet mit Ihrer Familie voraus. Wenn dann die Anfragen eintreffen, sind Sie vorbereitet und können sagen: »Ich kann in den nächsten zwei Wochen bei den Kostümen helfen, aber danach bin ich ausgebucht«, oder sogar wagemutig verneinen: »Dieses Jahr werde ich nicht mithelfen können, aber danke für die Anfrage.« Sagen Sie ja, wenn es richtig ist, das zu tun, aber legen Sie immer eine Grenze fest.

5. *Was ist das Eine, das notwendig ist an dem bevorstehenden Feiertag?* Wenn Sie meinen, es ginge darum »alle glücklich zu machen«, dann gehen Sie bitte noch einmal zu den Punkten eins und zwei zurück! Für Christen ist das Eine, das an hohen Festtagen notwendig ist, Gott Raum zu geben. Wem geben Ihre Festvorbereitungen Raum: Gott oder der Kreditkartengesellschaft? Gott oder der Festtagsschmuckindustrie? Gott oder der Rivalität zwischen Ihnen und Ihrer Schwägerin um den am schönsten dekorierten Tisch? Ihr Feind, der Perfektionismus, möchte Ihren Fokus auf Dutzende unerreichbare und nur kurzfristig bedeut-

samer Randerscheinungen lenken. Bewahren Sie Ihren Fokus. Bewahren Sie Ihren Fokus. Bewahren Sie Ihren Fokus. Nur eines ist notwendig. Wenn Sie daran denken, wird die Bedeutung des Feiertages sich nicht in Kodak-Momenten erschöpfen, sondern bis in die Ewigkeit hinein ausdehnen.

## Schöpfen Sie es aus

Ich schätze, meine Erwartungen waren einfach zu hoch. Aus irgendeinem Grund ging ich davon aus, dass in einer Großstadt mit einer halben Million Einwohnern irgendwo ein Lebensmittelgeschäft geöffnet sein *und* einen reichlichen Vorrat an Kondensmilch haben müsste. Pech, war aber nicht.

Auf dem Weg nach Hause schimpfte ich über jeden blöden Feiertag im Kalender und darüber, dass immer alles an mir hängen blieb. Dann fiel mein Blick auf mein eigenes zorniges Gesicht im Rückspiegel. Wie konnte ich, sonst eine liebevolle Ehefrau und Mutter, mit so einer stinkigen Laune herumlaufen und dann meinen Kindern Dankbarkeit predigen? Ich parkte den Wagen in der Einfahrt und blieb sitzen. »Gott«, betete ich, »ich fühle mich nicht dankbar. Es tut mir Leid, aber das ist die Wahrheit. Bitte zeig mir heute Abend wenigstens eine Sache, für die ich dankbar sein kann.«

Ein paar Momente vergingen, und die sechste Stunde endete. Folgendes fiel mir ein: mein gut laufendes und abbezahltes Auto. Ein nicht luxuriöses, aber trotzdem warmes und wohnliches Zuhause, das auf mich wartete. Fröhliche, gesunde Kinder, die darin geborgen waren. Ein nachsichtiger Ehemann. Eine sternenklare Nacht. Frische Novemberluft. Eine neue Ruhe in meinem Herzen.

Dieses Jahr werde ich besser vorbereitet sein. Aber wenn Sie am Vorabend von Thanksgiving bei mir auf der Matte stehen, denken Sie ja nicht, dass ich Sie hereinlasse. Ich werde zu sehr damit beschäftigt sein, mich an dem zu erfreuen, was ich habe inklusive meiner siebenundachtzig Dosen Kondensmilch.

# Kapitel 14

# Entspannen, aber dalli!

Meine Güte, die Engländer sind schon verrückt.

Streng nach der Uhr legen sie mitten in einem herrlich stressigen Tag voller Termine plötzlich eine Vollbremsung hin und schlürfen ihren Tee. Sie kontaminieren ihn mit Milch und servieren kleine Kekse dazu, die sie »Biskuits« nennen. Wissen die denn nicht, dass Milch nur in den Kaffee gehört? Dass Biskuit eigentlich so eine schlabberweiche Teigrolle mit Erdbeersahne darin ist? Hat denen noch niemand gesagt, dass es viel effektiver ist, einen starken Kaffee hinunterzukippen und dabei weiterzuarbeiten?

Das englische Tee-Ritual kam mir schon immer so vor wie ein ultraschrilles pinkfarbenes Kleid: affektiert und abstoßend. Pausen zu machen, gleich welcher Art, erschien mir verantwortungslos, egoistisch und schwächlich. So, als ob ein Feuerwehrmann mitten in der Bekämpfung eines flammenden Infernos in einem Waisenhaus plötzlich auf die Uhr schaut und sagt: »Upps! Zeit für meine Pause!«, um dann davonzuschlendern und sein belegtes Brötchen auszupacken.

Dieses »Keine-Pause«-Denken erreichte bei mir in der Zeit, als ich in der Kommunikationsbranche arbeitete, seinen Gipfel. Ich ließ sowohl die Kaffee- als auch die Frühstückspause aus. Auch die Mittagspause arbeitete ich an den meisten Tagen durch und hielt mich stattdessen mit einem Müsliriegel an meinem Schreibtisch über Wasser. Zahlreich waren die Nachmittage, an denen ich um fünf Uhr meine Stechkarte abstempelte und dann bis in den späten Abend hinein ohne Stechuhr weiterarbeitete. Mindestens einen

Samstag im Monat (wenn nicht gar zwei oder drei) verbrachte ich ebenfalls im Büro.

Mein Mann hörte mir zu, wenn ich mich über die Arbeitsbelastung beklagte, aber er sagte mir, ich solle mich entspannen und es als Arbeitsplatzsicherheit sehen.

Das Nonstop-Arbeiten blieb nicht auf den geschäftlichen Bereich beschränkt. O nein. Auch zu Hause schlug ich mir manche Nacht mit Putzen um die Ohren, besonders, wenn am nächsten Tag ein Feiertag bevorstand oder Besuch kam. Irgendwann gegen halb vier Uhr morgens kam Neal dann in den Keller geschlurft (wo ich die Spinnweben bügelte und zusammenlegte, bevor ich sie in den Müll warf), und stellte mir irgendeine *lächerliche* Frage wie: »Willst du denn nicht auch mal ins Bett kommen?«, oder: »Muss das wirklich gerade jetzt sein, was du da machst?«

Wenn Sie eine gestresste Martha sind, der diese Frage noch nie gestellt wurde, ist es nur eine Frage der Zeit, bis es so weit ist. Um im entscheidenden Moment eine Antwort parat zu haben, sollten Sie sich die hier aufgeführten drei möglichen Antworten einprägen:

- »Ich bin ja gleich fertig.«
- »Das war schon lange mal fällig.«
- »Wenn ich es nicht mache, macht es ja doch keiner.«

## Splitter und Balken

Die meisten Leute erkennen, wenn sie zu hart arbeiten, dass sie eine Pause brauchen. Manchmal schnappen sie völlig über und *gehen* tatsächlich am Ende des Arbeitstages – obwohl die Arbeit noch nicht fertig ist.

»Junge«, sagen sie und wischen sich den Schweiß von der Stirn. »Ich bin geschafft. Ich mache jetzt Schluss, hole mir was Warmes zu essen, schlafe mich erstmal aus und geh morgen wieder frisch und ausgeruht ans Werk. Bis dann!«

Das sind keine Marthas.

Warum aufhören zu arbeiten, wenn man so kurz davor ist, fertig zu werden? Wen kümmert's, dass »fertig« so etwas ist wie der Horizont: Wir sehen ihn immer, doch wir erreichen ihn nie.

Außerdem sichern wir Marthas uns dadurch, dass wir die Pausen überspringen, unsere Titel als Unermüdliche Arbeiterinnen, Engagierte Untergebene und Unerträgliche Nervensägen.

Was? Wer hat das gesagt? Wer hält uns für Nervensägen? Bemerken denn die anderen nicht die Opfer, die wir bringen? Werden sie durch unser Beispiel nicht inspiriert? Wünschen sie sich etwa nicht insgeheim, sie wären so leistungsfähig wie wir?

Wenn Sie wissen wollen, was andere *wirklich* sehen, wenn sie eine gestresste Martha anschauen, lesen Sie Folgendes und versuchen Sie, dabei nicht zu weinen.

- *Schroffe Art* (»Beeilung! Wir hätten schon vor 3,7 Minuten unterwegs sein sollen!«)
- *Verbissener Unterkiefer* (»Warum bin ich von Inkompetenz umgeben?«)
- *Gefurchte Stirn* (»Stör mich nicht, wenn ich über all die Dinge nachdenke, die ich zu tun habe!«)
- *Blutunterlaufene Augen* (»Ich habe einen Fehler gefunden, als ich Ihre Korrektur dieses dreihundertseitigen Berichts letzte Nacht noch einmal Korrektur gelesen habe.«)
- *Hängende Schultern* (»Nur ich mache das Kochen, Putzen, Einkaufen, Waschen, Bügeln, Fahrgemeinschaft organisieren, Windelnwechseln, Kontoführen, Hund erziehen, Unkrautjäten, Dekorieren, Weihnachtsrundbrief schreiben und Dach reparieren richtig.«)
- *Gesichtstick* (»Zucken? Was für ein Zucken?«)

Nicht gerade das Holz, aus dem man eine Miss Universum schnitzt. Alles an uns *schreit* nach einer Pause.

Aber merken wir etwas davon?

Nein.

Merken es die anderen?

Ja.

Es gibt jede Menge möglicher Gründe, warum wir keine Pausen machen. Konkurrenzdenken. Das Bedürfnis danach, gebraucht zu werden. Falsche Schuldgefühle für jeden Zweck. Verdrehte Bescheidenheit, die sagt, wir hätten keine Pause verdient. Sicher hängt uns auch die puritanische Arbeitsethik nach, die Produktivität lobt und Entspannung meidet. Muße wurde mit Müßiggang gleichgesetzt, und wir wissen ja alle, dass dies aller Laster Anfang ist.

Mein Lieblingsgrund ist ganz einfach der: Wir sind projektorientiert statt personenorientiert. Wir wollen von niemandem unterbrochen werden – *auch nicht von uns selbst!* Oft ignorieren wir die Bedürfnisse unseres Körpers und haben mit Tunnelblick nur die vor uns liegende Aufgabe vor Augen.

Darum versagen sich so viele Marthas Essen und Schlaf, lehnen Pausen ab und betrachten eine Vierzig-Stunden-Woche als Teilzeitjob. Und Workaholics gibt es nicht nur in der Geschäftswelt. Es gibt jede Menge willensstarke Marthas, die sich ihren Burnout als Mütter, Hausfrauen, Altenpflegerinnen, Mitarbeiterinnen in christlichen Werken, Kinderbetreuerinnen und Gemeindemitarbeiterinnen holen.

## Stock und Stein

»Schnell – ohne nachzuschlagen –, wie viele der Zehn Gebote kannst du benennen?«

Diese Frage stellte ich meinen Mit-Marthas. Teri antwortete als Erste:

Keine anderen Götter neben Gott.
Keine Götzen.
Ehre Vater und Mutter.
Nicht stehlen.
Gottes Namen nicht missbrauchen.
Keinen Ehebruch begehen.

163

Kein falsches Zeugnis ablegen.

Nicht töten.

Nicht begehren ...

Upps, da fehlt doch noch eins. Wie ich mich kenne, ist es vermutlich mal wieder das Wichtigste! ... Ach ja, der Sabbat! Mal wieder typisch, dass ich den vergesse![75]

Ja, Teri, es *ist* typisch, dass du ausgerechnet das Gebot, den Sabbat zu heiligen, übersehen hast. Dieses Gebot war es auch, das einige der anderen Mit-Marthas ausließen.

Noch aufschlussreicher ist die Aufmerksamkeit, die Gott dem vierten Gebot, einen Tag in der Woche auszuruhen, zumisst – 88 Wörter in der Luther-Übersetzung. Dagegen reichen für das sechste Gebot (»Du sollst nicht töten«) vier Wörter aus. Um seinem Volk zu sagen, dass es ausruhen soll, benutzte Gott *22,5-mal* so viele Wörter wie dazu, ihm zu sagen, dass es nicht töten soll.

Mose zeichnete die Geschichte eines Menschen auf, der sich einfach keinen Tag freinehmen konnte. Der Preis? Tod durch Steinigung. (*Schluck!*) Diese Person tat nichts anderes, als am Sabbat Holz zu sammeln, und doch wurde sie mit Hinrichtung bestraft. Warum? Weil in Gottes Augen die Sünde nicht darin bestand, ein paar Stöcke vom Boden aufzulesen, sondern in *Lüsternheit*. Gott lag daran, dass »ihr nach meinen Weisungen lebt und euch nicht von euren Gedanken und euren lüsternen Augen zum Ungehorsam verleiten lasst.«[76]

In unserer christlichen Subkultur bringen wir die Lüsternheit meist mit Sex, Geld und Macht in Verbindung. Doch aus Gottes Sicht kann sich Lüsternheit auf alles beziehen. Lüsternheit ist eine Gier, die nach Befriedigung verlangt. Sie kümmert sich weder um die Kosten noch um die Konsequenzen. Etwa so wie ein verwöhnter Teenager, der Papas Kreditkarten in der Tasche hat.

Wenn wir Marthas uns selbst bei einem Projekt über unsere gesunden Grenzen hinaus antreiben, weil wir danach »gieren«, es zu vervollkommnen, es zu Ende zu bringen, es schnell zu bewältigen oder es zu meistern, dann sind wir lüstern geworden. Wir gieren nach Perfektion, Vollendung, Effizienz und Kontrolle. Ist es vielleicht auch das, wonach der Holzsammler gierte? Vielleicht gingen ihm während eines Sabbatspazierganges folgende Gedanken durch den Kopf.

Da! Direkt vor mir! Das beste Feuerholz, das ich je gesehen habe. Trocken, nicht zu staubig, und genau die richtige Größe für meinen Bedarf. Zu dumm, dass heute Sabbat ist und ich nicht arbeiten darf.

Vielleicht zählt es nicht als Arbeit, wenn ich die besten Stücke aufhebe und hinter diesen Felsen lege. So. Jetzt muss ich mich nicht nach dem Sabbat mit dem ganzen Andrang hier herumschlagen.

Aber halt! Wenn jetzt jemand den Stapel findet, bevor ich ihn mir holen kann? Vielleicht sollte ich das Holz doch lieber nach Hause bringen. Es ist ja nicht so weit, als dass ich dabei irgendwelche Gesetze übertreten würde.

Ich weiß! Ich lege ein Zehntel des Holzes beiseite und gebe es den Priestern. Wenn ich bestraft werden sollte, was ich bezweifle, dann ist es bestimmt nur eine Kleinigkeit, zwei Tauben als Opfer vielleicht. Das kann ich mir leisten.

Gott sei Dank, dass wir nicht mehr nach den Vorschriften des Alten Testamentes leben müssen! Als Jesus kam, hat sich alles verändert. Als das Lamm Gottes wurde er zum vollkommenen Opfer für alle Sünden.

Wenn wir jetzt Mist bauen, müssen wir nicht irgendein Ritual befolgen, um befristete Vergebung zu erlangen. Und wir müssen auch nicht befürchten, gesteinigt zu werden. Doch Marthas, die sich der grenzenlosen Gnade durch Christus sicher sind, können dagegen abstumpfen, wie ernst es ist, wenn man Sünde rationalisiert. Und zur Sünde gehört es nach Gottes Worten auch, wenn man sich weigert auszuruhen.

Und ein Preis ist dafür immer noch zu bezahlen.

## Entspann dich oder stirb

Unter den Geschichten, die meine Mit-Marthas mir davon erzählt haben, was ihre Weigerung sich auszuruhen sie gekostet hat, ist die dramatischste die von Shawnee.

*Nachdem ich jahrelang unwissentlich die Zähne zusammengebissen hatte, wenn ich angespannt war, wurden meine Gesichtsmuskeln so verkrampft, dass ich meinen Mund kaum noch weit genug aufbekam, um eine Zahnbürste hineinzustecken, geschweige denn einen Löffel. Zum Essen gab es nur noch Pudding und Kartoffelbrei. Meine beständige Unfähigkeit mich zu entspannen führte schließlich zu einer Veränderung meines Kiefers. Was anfangs ein zahnmedizinisches Problem gewesen war, wurde nun zu einem allgemeinmedizinischen Problem namens avaskuläre Nekrose. Das bedeutet, dass durch die Verkrampfung meiner Muskeln die lebenswichtige Blutversorgung der Knochen unterbrochen war, so dass mein ganzes Gesichtsskelett mit erschreckendem Tempo verfiel. ... Drei Operationen später war meine untere Gesichtshälfte so verändert, dass etliche alte Freunde mich nicht mehr erkannten, aber ich war relativ schmerzfrei, und meine Kiefer waren gerettet. Wenn ich heute in den Spiegel schaue und mein für 60.000 Dollar neu geschaffenes Ebenbild betrachte, frage ich mich unwillkürlich, ob ich mir diese schmerzhaften Jahre hätte ersparen können, wenn ich meine Probleme an Gott abgegeben hätte, anstatt mich mit Sorgen zu martern.*

Sie knirschen nicht mit den Zähnen? Ich auch nicht. Trotzdem schadet es unserem Körper, wenn wir nicht fähig sind, uns zu entspannen. Um das näher zu ergründen, habe ich sechs Stunden mit Recherchen in einer medizinischen Bibliothek zugebracht. Meine Schlussfolgerung: Das Schlimmste, was man seinem Körper antun kann, ist, sechs Stunden in einer medizinischen Bibliothek zu verbringen. Können Sie sich vorstellen, wie langweilig es dort war? Nicht nur, dass dort kein einziger guter Roman zu finden war, Videos und CDs gab es auch nicht, nicht einmal Hörbücher. Immerhin waren die Toiletten sauber. Ich sah sogar in der Zeitschriftenabteilung einen meiner Ärzte mit der Zeitschrift *Milz heute* sitzen, aber ich habe den Verdacht, dass er nur die neueste Ausgabe des *Wohlhabenden Golfers* darin versteckt hatte.

Herausgefunden habe ich, dass ein Leben, das nur aus Stress ohne Ruhe besteht, etwas Schlechtes ist. Etwas sehr Schlechtes. Immer wieder bin ich auf Erwähnungen von Hans Selye gestoßen, dem kanadischen Endokrinologen und Vater der Stressforschung, der mit dem »allgemeinen Adaptionssyndrom« die Reaktionen des menschlichen Körpers auf Stress beschreibt.

Nach Selyes Schilderung gibt es drei Stufen. Die erste ist die *Alarmreaktion*. Angesichts von Stress will der menschliche Körper »kämpfen oder fliehen«. Das setzt eine innere Kettenreaktion in Gang, die auf einen »physiologischen Alarm« hinausläuft. Die zweite Stufe ist der *Widerstand*. Dieses Level der Adaption kann der menschliche Körper über Monate oder gar Jahre durchhalten, doch ein zu langes Verweilen auf diesem Level führt zur *Stufe der Erschöpfung*. Die langfristige Belastung verschiedener Organsysteme fordert ihren Tribut, und voilà, es entstehen Stresserkrankungen, die sich jährlich in Arztrechnungen in Milliardenhöhe niederschlagen, welche wiederum in Abonnements für den *Wohlhabenden Golfer* umgesetzt werden.

Ein medizinischer Autor fasst Selyes Theorie so zusammen: »Alles, was Stress verursacht, gefährdet das Leben, es sei denn, es stößt auf eine angemessene adaptive Reaktion.«[77] Haben Sie die Wendung in der Mitte mitbekommen? *»Es sei denn, es stößt auf ...«*

Hier kommt mir ein radikaler Gedanke: Vielleicht könnte es ja sein, dass der Schöpfer des Universums tatsächlich wusste, was für unseren Körper am besten ist, als er uns regelmäßiges Ausruhen verordnete. Wenn wir nicht ausruhen, wird uns das nicht nur die Laune verderben. Es wird uns krank machen. Es könnte uns sogar töten.[78] Bei solchen Aussichten täten wir gut daran, regelmäßige Pausen zu akzeptieren; sowohl die kurzen während unserer Arbeitstage als auch die längeren am Wochenende.

Verbringen Sie sie nur nicht in der medizinischen Bibliothek.

## Tee für mich

Meine Meinung über die englischen Teepausen hat sich geändert, seit mein Mann mich einmal zu den Highland Games in unserer Nähe mitnahm, einem jährlich stattfindenden Festival, bei dem schottische Traditionen gepflegt werden. Dort begann etwas, sanft, aber beharrlich an mir zu nagen. Vielleicht war die Dudelsackmusik der Auslöser, die mich hier zum ersten Mal zu Tränen rührte. Oder vielleicht waren es die Möchtegern-Bravehearts, die in Schottenröcken herumliefen und kleine Telegrafenmasten durch die Gegend schleuderten, die mich tatsächlich in Erwägung ziehen ließen, karierte Tischdecken für den Garten anzuschaffen. Oder vielleicht, dass wir auf einer Landkarte den Ursprung unseres Namens entdeckten. Aber irgendwie erwachten die latenten Gene meiner britischen Vorfahren und führten mich zu einem Stand, der Teekannen feilbot.

Die »Brown Bettys« sind dick, rund und tragen auf dem Boden einen »Made-in-England«-Stempel. Was man von der viel beschäftigten, windzerzausten Frau, die den Stand betrieb, nicht behaupten konnte. Immerhin war sie durch und durch eine echte Britin und nahm meine amerikanischen Nörgeleien und Fragen in Sachen Tee mit klassischer, ungerührter Geduld hin. Die »Brown Bettys«, traditionell in einem glänzenden tiefen Rotbraun glasiert, gelten als die besten Gefäße für die Zubereitung »richtigen englischen Tees«. Skeptisch, aber meiner inneren Stimme gehorchend, verließ ich den Stand mit einer jagdgrünen Teekanne, einem Kannenwärmer mit Blumenmuster, einer Packung Yorkshire-Gold-Tee und Zubereitungsanweisungen von einer Ausländerin.

Am nächsten Morgen setzte ich ihre Anweisungen präzise um. Ich erhitzte Wasser. Zweimal. Ich ließ den Tee ziehen. Einmal. Ich schenkte ein. Ich fügte Milch und Zucker hinzu. Ich nippte daran. Und dann ... war ich bekehrt. Oder vielleicht wäre *heimgekehrt* das bessere Wort. Endlich waren die Gene meines englischen Urur-großvaters Thomas am Ziel ihrer stummen Sehnsucht nach anständigem Tee. Nach heißem, süßem, sahnigem Tee. Jeden Morgen genüsslich aus einer zierlichen Tasse geschlürft. Jeden Nachmittag gemütlich aus einem dampfenden Becher getrunken. Tee, der gleichzeitig beruhigt und Energie gibt. Tee, herrlicher Tee.

Eine Freundin hat mir einen bunten Bildband über Tee geschenkt. Schon der Anblick des Umschlages besänftigt mich. Die Verfasserin gibt Rezepte für Scones, Techniken des Serviettenfaltens und Gestaltungsthemen für Teepartys weiter. Diese Frau versteht wirklich etwas von Tee!

Eines Tages probiere ich diese Ideen vielleicht aus. Aber zunächst einmal geht es mir darum, mich inmitten aller Hektik zu entspannen. Ich habe keine Zeit, für jeden Platz an der Teetafel original irische Platzdeckchen zu bügeln. Stattdessen fege ich mit einem Arm die Legosteine, Puzzles und Zeitungen ans andere Ende unseres großen Esszimmertisches – und der Tee ist serviert.

Wenn ich Tassen, Löffel, Milch und Zucker auf dem halb abgeräumten Tisch auslege, bin ich mit fröhlichen Gedanken bei meinen Lieben. Statt mir zu wünschen, sie würden *mir aus dem Weg gehen*, damit ich mehr Arbeit schaffe, bin ich darauf aus, *sie bei mir zu haben*, damit ich sie lieben kann. Ich weiß, wenn ich schließlich »Englischer Tee!« rufe, sind sie so überrascht und erfreut, dass sie etwas sehr Un-Marthahaftes tun werden: Sie werden ihre Arbeit stehen und liegen lassen und angelaufen kommen, um sich zu entspannen.

Dabei geht es gar nicht ums Teetrinken. Es geht darum, in einer Oase einzukehren. Wir können unseren Kindern beibringen, zu kleinen Workaholics zu werden, oder wir können sie lehren, auf ihren Körper zu hören und regelmäßig den Geist besänftigende und den Körper erfrischende Pausen einzulegen.

# Entspannung mitten in der Hektik

Der Schlüssel ist, die *Pausen so verschieden von der Arbeit zu machen wie möglich.* Verändern Sie Ihren Aufenthaltsort, Ihre Körperhaltung, Ihr Aktivitätslevel, die Sinne, die Sie gebrauchen – alles! Ob wir nun ständig auf den Beinen sind oder hinter einem Schreibtisch gefangen sitzen, in den folgenden Tipps findet sich bestimmt etwas, das uns beim Entspannen helfen kann.

1. Speed-Walking.
2. Frisbee werfen.
3. Nickerchen machen.
4. Beruhigende Musik hören.
5. Ein Hörbuch hören.
6. Gar nichts hören.
7. Schaufensterbummel.
8. Massage.
9. Auf eine Bank setzen und Leute beobachten.
10. Ein paar langsame Dehnübungen machen.
11. An einem ungewohnten Ort essen.
12. Sich eine Blume kaufen.
13. In einer Bibliothek sitzen.
14. In einer Kirche sitzen.
15. Eine lange Mittagspause machen und eine Nachmittagsvorstellung im Kino sehen.
16. Jemand Besonderen zum Kaffee oder Tee einladen.
17. Zeit in einem kleinen Bereich eines Museums oder einer Galerie verbringen (fühlen Sie sich nicht gedrängt, sich alles bei einem Besuch anzuschauen).
18. In den Zoo oder die Zoohandlung gehen – ohne die Kinder!
19. Mit herabgekurbelten Seitenscheiben eine Spazierfahrt über Land machen.
20. Sich mit einer Freundin oder Kollegin zum Picknick verabreden und die Lunchpakete tauschen.

21. Eine entspannende Handarbeit machen.
22. Reichlich Wasser trinken.
23. Einen gesunden Snack zu sich nehmen.
24. Einen angenehmen Duft an Ihrem Arbeitsplatz versprühen, wenn Sie zurückkommen.

Immer noch nicht überzeugt vom Entspannen? Na kommen Sie, wie wär's mit einem Tässchen Tee bei mir? Er wird Ihnen bestimmt schmecken, besonders mit diesen köstlichen kleinen Biskuits.

# Kapitel 15

# Arbeite jetzt, schlafe niemals

Alicia, eine Studienfreundin von mir, betreute bei sich zu Hause neben ihren beiden Vorschulkindern und ihrem Baby noch andere Kinder. Will sagen: Chaos im Haus. Alicia war keine Schlampe; sie lebte eben nur mitten in einem Nonstop-Windelwirbelwind.

An einem späten Abend, nachdem die Tageskinder gegangen und ihre eigenen Kleinen endlich eingeschlafen waren, fragte sie ihr Mann Devon, wann sie vorhätte, ins Bett zu gehen.

»Ich kann heute Nacht gar nicht ins Bett gehen«, antwortete sie.

»Warum nicht?« (Devon tappte voll in die Falle.)

»Hast du etwa vergessen, dass morgen deine und meine Familie zum Essen kommen? Ich muss die Wäsche erledigen, das ganze Haus sauber machen, dann schnell in den 24-Stunden-Supermarkt zum Einkaufen, Kartoffelsalat und Bohnen machen, einen Käsekuchen backen, einen Süßigkeitenteller anrichten ...«

»Liebling! Mach das nicht alles heute Nacht. Du bist doch jetzt schon erschöpft.«

»Aber wenn ich es nicht mache, wird es nicht gemacht.«

Devon legte seinen Arm um Alicias müde Schultern. »Morgen ist ein großer Tag, und du brauchst deine Erholung. Komm jetzt ins Bett«, versprach er, »und morgen früh helfe ich dir mit allem.« Er musste ihr mehrere Minuten lang gut zureden, bis sie schließlich widerstrebend nachgab.

Als sie früh am nächsten Morgen aufwachte, war Devon weg. Zuerst dachte Alicia, er wäre mit ihrem einzigen Auto zum Supermarkt gefahren, um die Zutaten für ihr Menü einzukaufen.

Doch Stunde um Stunde verging, und Devon blieb verschwunden.* Alicia versuchte, ihre To-do-Liste in Angriff zu nehmen, aber mit all den Kindern, die ihr zwischen den Füßen herumwuselten, wurde – oder blieb – nicht viel erreicht.

Endlich, etwa fünfzehn Minuten, bevor sie ihren Besuch erwarteten, tauchte Devon wieder auf.

»Wo warst du?«, schrie sie in Panik, als er zur Tür hereinkam.

Devon hatte noch die Nerven zu fragen: »Worüber regst du dich denn so auf?«

»Was soll das heißen, worüber rege ich mich auf?« Alicias Stimme schraubte sich in die Höhe, bis sie nur knapp unter der Hundepfeifenfrequenz lag. »Du hast doch *versprochen*, mir zu helfen, alles für unseren Besuch vorzubereiten! Du hast mich dazu überredet, letzte Nacht zu *schlafen*, statt zu arbeiten, und jetzt bin ich nicht fertig! Das Haus ist nicht fertig! Das Essen ist nicht fertig! *Nichts ist fertig!*«

»Das Auto ist fertig.«

Alicias Augen traten aus den Höhlen, und sie blinzelte einmal ungläubig. »Das Auto?«

»Ja, komm mit raus und schau es dir an. Frisch gewaschen und gewachst. Ich habe sogar die Polster shampooniert. Reifendruck und Öl waren in Ordnung, aber ich musste etwas Scheibenreiniger nachfüllen ...«**

Kein Wunder, dass uns Marthas das Schlafen schwer fällt. Bei den wenigen Gelegenheiten, wo wir uns wider besseres Wissen zum Ausruhen überreden lassen, bereuen wir es meistens hinterher.

---

* Fragen Sie sich jetzt, warum Alicia nicht versuchte, Devon auf seinem Handy zu erreichen? Weil er keines hatte. Niemand hatte eins. Damals hielten wir Radios noch für Hightech. »Wie, das kann sogar UKW? Cool!«
** Falls Ihnen diese Geschichte bekannt vorkommt, liegt es vielleicht daran, dass Sie Devon und Alicia in *Ehen vor Gericht* gesehen haben. Devon war der Typ mit dem Lenkrad um den Hals.

## »Jemand muss diese Schafe waschen«

Es ist unvermeidlich. Wenn wir im Stress sind, wird Schlaf zu einem Problem. Die traditionellen »Tricks« zum Einschlafen funktionieren nicht mehr. Und wenn Sie schon jemals eine Schafherde live gesehen (und gerochen) haben, werden Sie nie wieder versuchen, sich mit Schafezählen in Schlaf zu lullen.

Oftmals legen wir uns die Schlaflosigkeit selber auf, wie es auch Alicia vorhatte. Fehlen Ihnen ein paar Stunden am Tag? Stehlen Sie sich welche aus der Nacht. Doch diese regelmäßigen Abhebungen von unserer Gesundheitsbank holen uns irgendwann ein. Deanna berichtet: »Wenn ich an Schlafmangel leide, werde ich sehr leicht körperlich krank. Ich esse gesund und treibe regelmäßig Sport, aber wenn ich eine oder zwei Nächte ohne Schlaf verbringe, dann fange ich mir alles ein, was gerade herumschwirrt! Und wenn ich nicht gut geschlafen habe, bin ich grillig mit meinen Schülern.«

Das untrügliche Zeichen, an dem Lynn merkt, dass ihr Schlaf fehlt, ist, wenn sie anfängt zu denken: »Mein Mann ist verantwortungslos, meine Kinder sind Rotzgören, und die Katze geht mir einfach nicht aus dem Weg.« Dennoch bezeichnet sie sich als Schlafjunkie. »Ich hasse es, ins Bett zu gehen, und ich hasse es aufzustehen. Was für ein Zwiespalt. Ich verweigere meinem Körper, was er braucht. Außerdem bin ich eine Nachteulen-Martha, die während des Tages übermäßig stimuliert ist. Die Nacht ist die einzige Zeit, in der niemand Ansprüche an mich stellt.«

Offenbar sind Sheryl und Teri die Einzigen unter meinen Mit-Marthas, die keine Probleme mit dem Schlafen haben. Wir anderen hingegen haben nicht nur oft Schwierigkeiten gehabt, abends ins Bett zu gehen, sondern auch damit zu schlafen, wenn wir denn endlich liegen. Shawnee sagt: »Mein Hauptproblem mit dem Schlafen ist, dass mein Hirn sich weigert, mit dem Denken aufzuhören.« Hmm. Hört sich ziemlich genauso an wie das, was Lynn mir erzählte: »Mein Körper wird zwar müde, aber mein Hirn denkt sich ständig neue Dinge aus, die noch zu erledigen sind.«

All die *Sollte-Müsste-Muss*-Botschaften laufen in unserem gestressten Hirn in einer Endlosschleife und fachen die Flammen der Dringlichkeit, der Anspannung und der Angst an. Kein Wunder, dass wir nicht schlafen können!

Weil Marthas sich typischerweise so hart antreiben, leidet fast jede Martha an irgendeiner Form von Schlafentzug. Dr. John Shepard jr. von der Abteilung für Schlafstörungen an der Mayo-Klinik macht dazu einen radikalen Vorschlag: Statt eines Weckers, der uns morgens aus dem Bett holt, brauchen wir eine Schlafglocke, die uns sagt, wann wir abends ins Bett gehen sollen.

»Stellen Sie den Fernseher ab; schalten Sie das Internet ab«, sagt Dr. Shepard. »Für Perfektionisten ist es entscheidend, dass sie sich regelmäßig – immer zur gleichen Zeit ins Bett, immer zur gleichen Zeit aufstehen – nachts so viel Schlaf verschaffen, dass sie sich tagsüber vollkommen wach fühlen können. Aufwachen sollten Sie von selber, weil Sie genug geschlafen haben. Wenn Sie sich vom Wecker wecken lassen, setzen Sie sich über Ihr inneres biologisches Schlafbedürfnis hinweg.«[79]

Im Epworth Hospital in Melbourne, Australien, wurde eine Skala entworfen, um die Müdigkeit zu messen. Sie nennt sich passenderweise die »Epworth-Müdigkeitsskala«. Da ich im Internet darauf stieß und da keiner im Laborkittel herumlief und »Tut überhaupt nicht weh« sagte, stürzte ich mich gleich darauf und ließ mich testen.

Acht Szenarien erschienen auf meinem Monitor, und ich sollte einschätzen, wie wahrscheinlich ich in jedem davon eindösen würde. Hört sich einfach an, aber ich hab's in den Sand gesetzt. Wer auch immer diesen Test verfasst hat, hat mir nicht genug Einzelheiten genannt! Zum Beispiel wurde ich gefragt, ob ich beim Fernsehen einnicken würde, aber das hängt natürlich davon ab, was ich mir ansehe. Wenn es eine romantische Mystery-Thriller-Abenteuerkomödie ist, dann werde ich nicht einschlafen. Wenn es der letzte Börsenbericht vom Tage ist, versinke ich in tiefe Bewusstlosigkeit.

Der beste Maßstab dafür, wie wir in der Nacht schlafen, ist, wie wir jeden Tag leben. Gereizt? Müde? Niedergeschlagen? Willkommen in der Welt der Frauen. Kommen für zwei Wochen oder länger Gedächtnislücken, schlechte Konzentration und Schwierigkeiten im Umgang mit schweren Geräten dazu[*], dann heißt die Diagnose Schlaflosigkeit.

## »Es ist ein Zeichen!«

All diese Symptome weisen auf Schlaflosigkeit hin. Schlaflosigkeit wiederum deutet auf etwas anderes hin, denn sie ist keine Krankheit – sie ist auch nur ein Symptom! Aber was ist das Kernproblem, das sich in Form von Schlafstörungen äußert? Als Erstes dürften den meisten Marthas die folgenden Dinge in den Sinn kommen:

*Eigendiagnose Nr. 1: »Ich kann nicht schlafen, weil meine zirkadianen Rhythmen aus dem Takt geraten sind.«* Was sind zirkadiane Rhythmen? Das sind die über hundert Muster in unserem Körper, nach denen die Zyklen des Schlafens, der Hormonproduktion, des Blutdrucks und weiterer Körperfunktionen alle vierundzwanzig Stunden ablaufen. (Nicht zu verwechseln mit dem *kanadischen Rhythmus*, einem unwillkürlichen Impuls, sich ein Flanellhemd überzustreifen, vierzig Pfannkuchen zu essen und den nächsten Baum zu fällen.) Wenn wir uns ausreichenden Schlaf, natürliches Sonnenlicht, regelmäßige Mahlzeiten und sogar gesellige Pausen versagen, pfuschen wir in unseren zirkadianen Rhythmen herum. Machen wir uns all dieser Versäumnisse schuldig, so können wir der Liste unserer Gesundheitsprobleme die Schlaflosigkeit hinzufügen. Aber die Wurzel haben wir immer noch nicht gefunden.

---

[*] Für mich ist *schwere Geräte* ein relativer Begriff. Sicher gibt es Tage, an denen das Manövrieren eines Baggers mir ebenso schwer fällt wie jeder anderen Frau. An anderen Tagen fällt schon mein Fön in diese Kategorie.

*Eigendiagnose Nr. 2: »Ich kann nicht schlafen, weil mit meinem chemischen Gleichgewicht etwas nicht stimmt.«* Irgendwo in den Tiefen des menschlichen Gehirns befindet sich die Zirbeldrüse.* Diese Drüse produziert Melatonin, ein Hormon, das die inneren Uhren unseres Körpers stellt. Die Produktion wird meistens auf natürliche Weise bei Einbruch der Nacht in Gang gesetzt, aber dank Thomas Edison müssen wir nachts ja nicht mehr ins Bett gehen! Wir können noch stundenlang aufbleiben und damit unsere Zirbeldrüse und unseren Schlafrhythmus durcheinander bringen. Selbst, wenn wir jeden Abend Melatonin-Pillen einwerfen (wovor die Ärzte eindringlich warnen), haben wir das Symptom Schlaflosigkeit bestenfalls vorübergehend gelindert. Und immer noch haben wir die Wurzel nicht gefunden.

*Eigendiagnose Nr. 3: »Ich kann nachts nicht schlafen, weil ich zu viel zu tun habe.«* Das war die Situation, in der Lori sich befand. »Ich weiß noch, wie meine Kinder noch ganz klein waren«, sagte sie, »und ich Nacht für Nacht nicht schlafen konnte. Ich lief [während des Tages] nur noch in so einem geistigen Nebel herum. Dann wurde ich ständig krank, und schließlich landete ich mit einer Meningitis im Krankenhaus. Es war nicht so, dass die Kinder mich aufgeweckt hätten; ich litt einfach unter Schlaflosigkeit. Ich versuchte zu viel zu schaffen, während ich meine lieben Kleinen großzog.« Jede Martha kennt die Bürde der »Liste, die niemals stirbt«. Im tiefsten Herzen glauben wir, das »Eine«, das wirklich notwendig ist, wäre eine abgearbeitete Liste! Doch wie sehr wir uns auch anstrengen, Dinge davon abzuhaken, es tauchen ständig wieder neue auf. Es ist wie bei der Hausarbeit und beim Papierkram. Gerade wenn wir denken, wir wären fertig – puff!, kommt eine neue Ladung. Warum kann das nicht stattdessen bei den guten

---

* Zufällig liegt hier auch unser tiefstes Geheimnis vergraben: unser wahres Gewicht. Beamter auf der Führerscheinstelle: »Sagen Sie mir, wie viel Sie wiegen.« Ich: »Niemals! Nur über meine Zirbeldrüse!«

Dingen so sein, zum Beispiel bei Geburtstagsgeschenken und Schokolade? Doch auch die endlosen Listen sind nicht die Wurzeln der Schlaflosigkeit.

## Angst essen Seele auf

Wer hat es schon nötig, Schafe zu zählen? Es gibt so viele mögliche Ursachen für Schlaflosigkeit, dass wir stattdessen sie zählen können, um schläfrig zu werden. Schlaflosigkeit kann bedingt sein durch solche Banalitäten wie die Schlafzimmertemperatur oder durch solche komplexen Dinge wie unverarbeitete emotionale Probleme (»Therapie gefällig?«). Da ich keine Lust habe, es mit Prozessezählen zu versuchen, überlasse ich die formelle Diagnose den medizinischen Fachleuten.

Was ich jedoch tun kann, ist, Ihnen zu sagen, was ich für den Schlüsselfaktor für die Schlaflosigkeit bei Marthas halte: Täuschung. Der Buchautor und Berater Neil Anderson weist darauf hin, dass wir als Christen *wissen*, wann wir versucht werden. (Schreien Sie einen rücksichtslosen Fahrer an ... oder lassen Sie es bleiben. Schauen Sie sich eine schlüpfrige Fernsehsendung an ... oder schalten Sie um. Opfern Sie Ihren Nachtschlaf der Arbeit ... oder gehen Sie ins Bett.) Dagegen wissen wir *nicht*, wann wir getäuscht werden. Darum kann die Saat der Lügen und Halbwahrheiten so leicht Wurzeln schlagen.

Versuchungen beinhalten meistens eine Wahl: A oder B. Täuschung verschleiert die Wahlmöglichkeiten. Das ist nichts Neues für uns. Eine Täuschung brachte Eva dazu, zu glauben, es gebe eine Abkürzung zur Vollkommenheit. Eine Täuschung führte Martha dazu, sich an äußeren Dingen aufzureiben, statt sich auf das Ewige zu konzentrieren. Täuschungen führen uns dazu, uns Imperativen zu unterwerfen, die keinen Widerspruch dulden. Wir *sollten* die ultimative Frau, Ehefrau, Mutter und Christin sein. Wir *müssen* unser Zuhause immer blitzsauber halten. Wir *sollten* einen eindrucksvollen Beruf oder Dienst ausüben. Wir *müssen* alle Leute um uns her glücklich, gesund und heilig machen. Wir *müssen* alles tun und alles sein, und zwar allezeit.

Wenn solche Sklaventreiber-Aussagen uns durch den Kopf gehen oder aus unserem Mund kommen, lassen Sie uns eine Frage stellen: »Warum?« Lassen Sie uns hartnäckig immer weiter nach dem »Warum« fragen, bis wir die Täuschung dahinter aufgedeckt haben. Denken Sie daran – meistens sind die Gründe Lügen. Sobald wir sie entdeckt haben, können wir ihnen die Wahrheit entgegenhalten und befreit werden.

Wenn wir nichts dagegen tun, kann sich das Syndrom der »Liste, die niemals stirbt« zur *Listerie* steigern. (Befinden sich mehrere Marthas im selben Raum, kann sogar eine *Massen-Listerie* entstehen.) Das ist der panikähnliche Zustand, der durch unendliche Aufgaben und die damit verbundenen Erwartungen entsteht – von denen nur sehr wenige wirklich berechtigt sind. Die Listerie ist ein wesentliches Schlafhindernis. Lori erkannte das später. Sie sagt: »Ich wünschte, jemand hätte mir das gesagt, und ich hätte mir die Erlaubnis gegeben, mich einfach nur um meine Kleinen zu kümmern, die nur siebzehn Monate auseinander waren. Ich machte eine Menge guter Sachen in meiner Gemeinde[*], aber im Rückblick sehe ich ein, dass die Welt und die Gemeinde auch ohne mich zurecht-

---

[*] Sie müssen Loris Liste lesen, um es zu glauben: »Ich leitete den Jugendchor und die Puppenspielgruppe, wo ich jede Woche mit dreißig Teenagern zu tun hatte und ständig mit ihnen auf Tour war. Dann leitete ich einen wöchentlichen Frauen-Bibelkreis. Ich beaufsichtigte den Kinderbetreuungsbereich beim CVJM. Ich arbeitete dort, so dass ich die Kinder mitnehmen konnte, während ich arbeitete. Ich war Vorsitzende und Kassenwartin unserer Sonntagsschulgruppe, wo ich mich um das monatliche Gemeinschaftstreffen kümmerte und den Zaster verwalten musste. Ich war Jugendbetreuerin und ging jede Woche in den Jugendkreis und nahm an allen anderen Aktivitäten der Jugendlichen teil. Sonntags sang ich im Chor, am Mittwochabend im Anbetungsteam (wofür zweimal wöchentlich geprobt wurde). Einen Tag in der Woche betreute ich Kinder und unterrichtete eine Klasse von Vierjährigen. Dazu alles andere, was das Dasein als Pastorenfrau mit zwei kleinen Kindern mit sich bringt. Diese Zeit war für mich der pure Wahnsinn!« Leute, und das alles zusätzlich zu den stressigen Feiertagen und mehreren Umzügen! Preis sei Gott, dass Lori endlich frei davon ist, sich zu Hochleistungen gezwungen zu fühlen.

gekommen wären. *Ich habe zugelassen, dass meine Angst davor, was andere Leute über mich dachten, mir vorschrieb, was ich zu tun und zu lassen hatte«* (Hervorhebung von Lori).

»Die vollkommene Liebe vertreibt die Angst.«[80]
Die Wahrheit macht uns frei.[81]

Wenn wir die *Wahrheit* leben, dass Gottes *vollkommene Liebe* zu uns auf seinem Charakter beruht und nicht auf unserer Leistung, dann wird die Angst von uns weichen. Statt ihrer werden Gelassenheit, Geborgenheit und Ruhe kommen – und das sind großartige Bettgenossen.


## »Schlaf, Martha, schlaf«

Mit dieser frischen Unterstützung für unser Denken und unseren Geist, sich zur Nacht zur Ruhe zu legen, ist es jetzt an der Zeit, auch unserem Körper zum Schlaf zu verhelfen.

Vermutlich kennen Sie den verbreiteten Ratschlag gegen Schlaflosigkeit: Meiden Sie Koffein und große und schwer verdauliche Mahlzeiten am Abend. Stehen Sie jeden Morgen zur gleichen frühen Stunde auf, auch wenn Sie sich noch nicht ausgeruht fühlen. Seien Sie jeden Tag körperlich aktiv. Machen Sie sich nicht abhängig von Schlaftabletten. Stehen Sie auf und tun Sie etwas Langweiliges, statt sich im Bett herumzuwälzen. Gehen Sie zum Arzt, wenn die Schlaflosigkeit länger als zwei Wochen anhält.

Haben Sie diese ganzen Tipps aus dem Lehrbuch schon hinter sich? Dann versuchen Sie es mal mit diesen neuen Ideen, die ich aus meinen in Abständen immer wiederkehrenden Kämpfen mit dem Sandmann gewonnen habe.

1. *Legen Sie die Bergab-Zeit fest.* Das ist die Zeit, zu der jeden Tag meine Energievorräte und die daran gestellten Anforderungen am meisten auseinander klaffen. Sie wissen nicht genau, wann das bei

Ihnen zu Hause ist? Ein starker Hinweis ist es, wenn Ihr Kind »Mama!« ruft, und Sie, statt »Ja, mein süßer kleiner Schnuckiputzi?« zu antworten, »WAS DENN!« brüllen. Von da an kann es nur noch bergab gehen.

Was hat das mit Schlaflosigkeit zu tun? Wenn ich während dieses Energietiefs auf den üblichen hohen Martha-Maßstäben in Bezug auf Verhalten und Reinlichkeit bestehe, wird der Stress ansteckend. Bald schnauzen sich alle in meiner Familie gegenseitig an, gehen einander aus dem Weg und haben dann Probleme mit dem Einschlafen. Dieser Zusammenhang ist mir erst kürzlich aufgegangen. Die Lösung lag auf der Hand: Ich musste meine Maßstäbe senken.

Was immer ich tun kann, um während der Bergab-Stunden Entspannung in meinen Haushalt zu bringen, lohnt sich. Wenn das bedeutet, Reste von Papptellern zu essen, prima. Wenn es bedeutet, vor der Wäsche und der Unordnung die Augen zu verschließen, schön. Wenn es bedeutet, nicht über jeden kleinen Fehltritt zu schimpfen, großartig. Meine Kinder lieben es, wenn sie nach dem Abendessen nicht zu irgendwelchen Arbeiten herangezogen oder links liegen gelassen werden, während »ich es eben selbst mache«, sondern stattdessen eingeladen werden, Zeit mit ihrem Papa und mir zu verbringen. Manchmal spielen wir Domino, legen ein Puzzle oder lesen bis zum Schlafengehen etwas vor. Uns allen fällt das Einschlafen leichter, wenn die Abendstunden mit harmonischen statt mit schrägen Tönen enden.

2. *Machen Sie sich vor dem Abendessen fertig fürs Bett.* Eines späten Abends schlurfte ich mit jener köstlichen Bettschwere, die sofortigen Schlaf verheißt, in Richtung Schlafzimmer. Doch zuerst musste ich mir das Gesicht waschen, die Zähne putzen und meinen Schlafanzug anziehen. Nachdem ich das getan hatte, war ich hellwach! Dann fiel der Groschen. Meine Bett-Routine war fast identisch mit meiner Aufsteh-Routine. Jeden Morgen wasche ich mir das Gesicht, putze mir die Zähne und ziehe mich an. Kein Wunder, dass mein Verstand und mein Körper da verwirrt waren!

Seither gestalte ich meine »Aufwach«- und »Einschlaf«-Routine so verschieden voneinander wie möglich. Wenn ich mich frühzeitig fürs Bett fertig mache, gibt mir das auch noch einmal einen kleinen Anschub, der mir hilft, besser durch die Bergab-Stunden des Abends zu kommen. Wenn es dann endlich Zeit zum Schlafengehen ist, gibt es keine Verzögerung mehr zwischen mir und dem Kopfkissen. Abgesehen davon, dass der Abend viel entspannter verläuft, bin ich automatisch von irgendwelchen spätabendlichen Besorgungen befreit. Der Schlafanzug erinnert mich zudem daran, dass ich keine großen Aufgaben mehr in Angriff nehmen sollte, die mich verführen könnten, bis in die Puppen zu arbeiten.

Marthas können nicht in fünf Sekunden von sechzig auf null abbremsen. Wir brauchen am Abend genug Zeit, um herunterzuschalten ... dann langsamer zu werden ... und dann anzuhalten. Frühzeitig in den Schlafanzug steigen ist genau das Richtige dafür.

3. *Schaffen Sie sich ein Boudoir.* Die ganze Strategie, darauf hinzuarbeiten, dass ich beim Schlafengehen glücklich und müde bin, scheitert, wenn mein Schlafzimmer aussieht wie ein Testareal für Atomraketen. Schockiert? Brauchen Sie nicht zu sein. Andere Teile meines Hauses mögen immer ausgesehen haben wie im Bilderbuch, aber in meinem Schlafzimmer war das nie der Fall. Jahrelang war es meine Gewohnheit, mein Haus blitzblank zu wienern, angefangen im Keller und dann immer weiter aufwärts. Bis ich in meinem Schlafzimmer im Obergeschoss angelangt war, waren mir nicht nur die Wattebäuschchen für die Möbelpolitur ausgegangen, sondern ich war auch völlig erledigt.

Eine weitere Komplikation war mein Nachttisch. All die unangenehmen Aufgaben, die ich hasste – Gutscheine ausschneiden, Fotos datieren, Post beantworten und Socken stopfen –, sammelten sich dort in schwankenden Haufen. »Ich arbeite jeden Abend ein bisschen was davon ab«, sagte ich mir. Zumindest glaube ich, dass ich mir das sagte. So richtig habe ich mir damals nicht zugehört. Jedenfalls fiel es mir schwer einzuschlafen, wenn ich diesen aufgetürmten Schuldgefühle-Generator direkt vor der Nase hatte.

Seither habe ich nicht nur all diese Projekte aus meinem Schlafzimmer verbannt, sondern auch alle anderen Spuren von Arbeit, Kindererziehung oder Stress ausgemerzt. Das Zimmer ist immer noch nicht übermäßig elegant, aber es ist sauber, ordentlich und gemütlich. Wenn man sich in einer behaglichen Umgebung schlafen legt, hat das im Übrigen den angenehmen Nebeneffekt, dass man auch darin aufwacht.

Beherzige ich *alle* diese drei Dinge *immer*?
Weit gefehlt.
Aber wenn meine alten Martha-Verhaltensmuster meinem Schlaf in die Quere kommen, gerate ich nicht in Panik. Bei mir *funktionieren* diese Tipps – meistens innerhalb weniger Nächte.

## »Ich bin aber immer noch nicht schläfrig«

Keine Lust zum Schafezählen? Und auch nicht zum Zählen der möglichen Ursachen der Schlaflosigkeit? Dann versuchen Sie mal zu zählen, wie oft Sie schon Folgendes gehört haben: »Das Heil ist ein Geschenk Gottes.« Die Marthas, die ich kenne, können das aus dem Effeff predigen und dabei unterstreichen, dass ein Geschenk angenommen werden muss, bevor der Empfänger etwas davon hat.

Das Heil ist nicht das einzige Geschenk, das Gott uns gemacht hat. Auch der Schlaf ist sein Geschenk. Dr. Richard A. Swenson schreibt in einem seiner populären Bücher:»Das Bedürfnis nach Schlaf ist unbestreitbar und sollte als Verbündeter betrachtet werden, nicht als Feind. Eine ganze Nacht lang tief zu schlafen ist ein kostbares, erfrischendes Geschenk.«[82]

Wenn Sie immer noch Probleme damit haben, nachts ins Bett zu gehen oder gut zu schlafen, wenn Sie erst einmal liegen, habe ich hier noch ein letztes Wort für Sie: *Jesus schlief.* Gehen Sie und machen Sie es ihm nach, und erfreuen Sie sich unterwegs an Ihren Geschenken.

# Kapitel 16

# Bitte anschnallen!
# Wir landen jetzt
# in der Wirklichkeit

Ich muss Ihnen ein Geständnis machen: Ich phantasiere über die Nachbarn, die ich gerne hätte.

Bitte verstehen Sie mich jetzt nicht falsch – ich mag die Leute, die gegenwärtig in meiner Umgebung wohnen. Aber Sie wissen ja, wie Marthas sind. Uns fällt immer etwas ein, wie man die Dinge noch verbessern könnte.

Auf der einen Seite meines Traumhauses möchte ich Mutter Beimer. Sie wissen schon, die aus der Lindenstraße. Mir egal, dass sie eine erfundene Figur aus einer Fernsehserie ist. Dies ist eine Phantasie!

Wie auch immer, Sohnemann Klausi ist erwachsen, von Herrn Schiller keine Spur mehr zu sehen, und die arme Mutter Beimer sitzt traurig vor sich hin und wünscht sich, sie hätte jemanden, den sie bemuttern könnte. (An dieser Stelle komme ich ins Spiel.)

Eines Tages kommt Mutter Beimer vorbei und bringt mir etwas von ihrem Apfelstreuselkuchen. Ich zeige ihr ein Kapitel aus einem Roman, an dem ich gerade schreibe, und sie erkennt sofort, dass ich mit all der Hausarbeit nur mein Talent verschleudere.

»Kommt nicht in Frage!«, verkündet sie, das Kinn trotzig nach oben gereckt. »Ich bestehe darauf, dass Sie mich morgen hier ein bisschen klar Schiff machen lassen. Das geht im Handumdrehen und würde mich so glücklich machen.«

Wenig später nimmt Mutter Beimer meine Familie dauerhaft unter ihre Fittiche. Jeden Morgen erscheint sie mit herrlichen Blumen aus ihrem Garten und drei auserlesenen, selbst zubereiteten Mahlzeiten. Nachdem sie mein ganzes Haus auf Hochglanz gewienert hat, geht sie wieder nach Hause (natürlich nicht, ohne unsere schmutzige Wäsche mitzunehmen). Ich habe einen Anflug von schlechtem Gewissen, aber wer bin ich denn, dass ich einer einsamen Dame das Einzige wegnehmen dürfte, das ihr Spaß macht?

Auf der anderen Seite meines Hauses im Land der Phantasie wohnen die Cosbys. In meiner Phantasie beschwören Claire und Cliff Huxtable mich, meinen Kindern zu erlauben, ihre ganze freie Zeit bei ihnen zu verbringen.

»Bitte!«, sagen sie. »Wir haben unser ganzes Leben mit Kindern zugebracht, aber so wunderbare, liebenswerte Kinder wie Ihre haben wir noch nie getroffen. Wir bitten Sie inständig, uns ein gemeinsames Sorgerecht zu gewähren!« Natürlich gebe ich nach. Wie könnte ich so einfühlsamen Leuten etwas abschlagen?

Gegenüber auf der anderen Straßenseite wohnt Oprah Winfrey. Obwohl ihr nur noch zwei Cents zur Milliardärin fehlen und sie von ihrem Talkshow-Publikum so verehrt wird, dass es ganz hypnotisiert davon war, als sie sich vor der Kamera die Fußnägel schnitt, hat sie immer ein offenes Ohr für mich. Jede Woche treffen wir uns einmal bei ihr zum Brunch.

»Du musst mir mehr Ideen für meine Show liefern!«, beschwört sie mich. »Und bitte schreib mir das Vorwort zu meinem nächsten Buch. Das wäre wirklich ein Ansporn für den Absatz.« Ich ziere mich zuerst, aber schließlich stimme ich zu, als sie darauf besteht, mein Foto auf dem Umschlag abzubilden.

Bis dahin reicht meine Phantasie, doch dann fokussieren meine Augen wieder auf die Wirklichkeit. In meinem Haus herrscht meistens das pure Chaos. Wir essen jede Menge Fertig-Sparmenüs. Meine Kinder haben dauernd Langeweile. Und bei einem Brunch war ich das letzte Mal ... warten Sie ... was war »Brunch« noch gleich?

## »Langsam, aber sicher«

Dieser Ausdruck aus den populären Zwölf-Schritte-Selbsthilfeprogrammen soll die Teilnehmer daran erinnern, ihren Erfolg nicht beschleunigen zu wollen; gemächlich vorzugehen, wenn sie neue Denk- und Verhaltensweisen ausprobieren. Wenn jedoch je eine Martha sich ein Selbsthilfeprogramm ausdenken würde, dann würde sie sich nicht groß mit zwölf langatmigen Schritten aufhalten. Ihr Programm würde zur Sache kommen – und zwar mit Volldampf:

Schritt 1: Gestehen Sie sich Ihr Problem ein.
Schritt 2: Reißen Sie sich zusammen und schütteln Sie es ab.

Was man leichter von anderen erwarten als im eigenen Leben anwenden kann.

Wer immer im Stress ist, hat ein hartes Leben. Und weil wir nicht im Schlaf erreicht haben, was wir haben, können wir selbst von der unterhaltsamen Lektüre eines außergewöhnlich erhellenden und humorvollen Buches (Sie dürfen mich gerne für den Pulitzerpreis vorschlagen) keine Sofortlösung erwarten.

Eine schnelle Antwort könnte auch darin bestehen, ein Gefolge von Assistenten anzuheuern, aber dazu fehlt den meisten von uns das Budget. Und diese Assistenten zu schulen wäre sowieso vergeblich, denn (a) würde es schneller gehen, wenn wir gleich alles selbst machen, (b) gibt es Gesetze dagegen, Leute so hart arbeiten zu lassen, und (c) würden sie sich sowieso nur dauernd über die Uniformen beschweren.

Vielleicht wäre Weglaufen die Lösung. Wäre es nicht wunderbar, aus all den Anforderungen, Projekten und Aufgaben auszubrechen? Völlig sorgenfrei und entspannt zu sein? An einem entlegenen Strand zu liegen (nach reichlicher Anwendung von Sonnenöl), in einer kristallklaren Lagune zu schwimmen (nachdem wir mindestens eine Stunde nach dem Essen gewartet haben) oder über einen ländlichen Markt zu schlendern (nachdem wir unsere Traveller-Schecks sicher in die Unterwäsche eingenäht haben)?

Hmm. Es scheint gar nicht so einfach zu sein, wie wir dachten, einem Leben im Stress zu entkommen!

## Ab in den Flieger

Bei mir ist der Stress schon einige Male zu einer Bedrohung für meine Gesundheit geworden – einmal musste ich sogar ins Krankenhaus eingeliefert werden. Da mein Immunsystem durch die Überarbeitung geschwächt war, gelang es mir nicht, mit einem Virus fertig zu werden. Geschwächt ist gar kein Ausdruck! Mein Mann saß an meinem Krankenbett und bot mir Wasser an, und schon die Anstrengung, mich vorzubeugen, aus dem Strohhalm zu saugen und mich wieder zurückzulehnen, machte mich völlig fertig.

Ich möchte nicht, dass das noch einmal passiert – weder mir noch Ihnen.

Es folgen einige Dinge, die ich auf die harte Tour gelernt habe. Bitte nehmen Sie sie sich zu Herzen! Ja, Veränderung ist schwer; sie kann einem geradezu das Herz zerreißen. Das weiß jede Frau, die sich schon einmal einen neuen Friseur suchen musste. Aber Veränderung kann auch ein Wendepunkt sein, und das ist es, was dieses Buch Ihnen bieten möchte.

### 1. Legen Sie das Abflugdatum fest

Dieser erste Schritt ist nicht der schwerste, sondern der leichteste! Er besteht einfach darin, ein Datum im Kalender herauszusuchen, bis zu dem sich Ihre gegenwärtigen Verpflichtungen entweder erledigt oder verringert haben werden. Von diesem Datum an wird nichts Neues hinzugefügt, um das zu ersetzen, was erledigt ist. Allerdings wird das nicht funktionieren, wenn wir nicht allen davon *erzählen* und es dann auch *einhalten*. Der Gedanke, das zu tun, kam mir nach meiner Entlassung aus dem Krankenhaus. Einige Monate danach raffte ich meinen Mut zusammen, um ein Datum festzulegen und es der Welt bekannt zu geben.

Wie man so etwas ausdrückt? Versuchen Sie es damit: »Ab dem 1. Juni [oder welches Datum auch immer Sie wählen] werde ich meine gegenwärtigen Verpflichtungen abschließen und bis auf weiteres nicht für neue zur Verfügung stehen.«

Nicht eine der Personen, denen ich das sagte, brachte Enttäuschung zum Ausdruck! Die meisten sagten mir, sie hielten das nicht nur für eine kluge Entscheidung, sondern wünschten insgeheim auch, sie könnten es ebenso machen. Auf jeden Fall sollten Sie sich auf egoistische Reaktionen gefasst machen wie: »Aber das betrifft doch nicht [das Krippenspiel / den Jahresbericht / den Kindergartenflohmarkt / das Familienfest], den oder das du bisher jedes Jahr organisiert hast ... oder?« Auf eine solche Frage kann es nur eine Antwort geben: »Doch.«

## 2. Packen Sie einen Fallschirm ein

Je nachdem, wie gestresst wir sind, müssen wir vielleicht manche Projekte kippen, bevor sie erledigt sind. Ich weiß, das ist ein schockierender Gedanke, aber wie wichtig ist es uns, von dem Stress frei zu werden? Wie ernst ist es uns damit, unsere Beziehungen zu schützen (oder zu retten)? Wie lange können wir noch hart am Rande des gesundheitlichen Zusammenbruchs entlangsegeln? Schon der Gedanke, womöglich Krankenhausessen vorgesetzt zu bekommen, sollte uns Motivation genug sein. Sollten Sie noch weitere Anreize brauchen, verschieben Sie einfach das Kippen eines Projekts von der Kategorie »Dinge, die ich noch nie getan habe« in die Kategorie »Dinge, die ich mindestens einmal ausprobiert habe«.

Manchmal kommt das Kippen eines Projekts nicht in Frage. In diesem Falle sollten wir vereinfachen. Wenn zum Beispiel Ihr Lebensunterhalt davon abhängt, dass Sie ein berufliches Projekt zu Ende bringen, planen (und nehmen!) Sie einen Urlaub, sobald es vorbei ist. Seien Sie richtig radikal und bitten Sie um einen Assis-

tenten, eine Versetzung oder eine Degradierung, wenn Sie zurückkommen. Vielleicht ist ein beruflicher Wechsel angesagt. Lassen Sie
Ihren Fokus – nicht das Geld – Ihre Hauptmotivation sein.

Sind Sie eine Vollzeit-Hausfrau, die ebenfalls nicht ausweichen
kann? Cheryl Gochnauer gibt den Rat: »Achten Sie darauf, das
Super-Hausfrauen-Syndrom zu vermeiden, das besagt, dass Sie wie
Bocuse kochen, wie Ihre Oma backen, wie Mutter Teresa sozial
engagiert sein und wie Meister Proper putzen müssen. Stattdessen
fokussieren Sie.«[83] (Da war es wieder, dieses Wort!) Denken Sie
daran – Sie sind eine Vollzeit-Familienfrau, kein Vollzeit-Zimmer-
mädchen.

Wir sind nicht unentbehrlich. Es gibt genauso viele Situationen,
aus denen wir uns herauswinden können, wie solche, wo das nicht
möglich ist. Bei den letzteren fangen Sie ein bisschen zu jammern
an (auf nette Art). Wenn uns bisher noch nie jemand Hilfe angebo-
ten hat, dann vielleicht deshalb, weil wir den Eindruck vermittelt
haben, wir wären unbesiegbar. (Oder vielleicht waren wir so her-
risch und anspruchsvoll, dass sich niemand in unsere Nähe getraut
hat.) Um Hilfe zu bitten ist kein Zeichen der Schwäche, sondern der
Weisheit. Außerdem zeigt Gott seine Liebe zu uns unter anderem
durch Freunde in Zeiten der Not.

In der Zwischenzeit können Marthas sowohl im Beruf als auch zu
Hause anderweitige überschüssige Verpflichtungen abstoßen. Wir
alle brauchen dazu die Unterstützung von Leuten, die uns lieben
und uns anfeuern, um uns zu helfen, unseren abgespeckten Fokus
einzuhalten.


## 3. Starten Sie durch

Willkommen an Bord von Martha Airways, der Fluglinie, die immer
pünktlich ist und alle Sitzplätze alphabetisch verteilt!

Im Ernst, unsere Reise vom Stress zur Freiheit ist etwas sehr
Wichtiges. Diese Abschaltzeit zum Gesundwerden und Erholen ist
es, wonach sich unser Geist, Verstand, Körper, unsere Gefühle und

Beziehungen gesehnt haben. Doch mehr noch als eine Erholungs-phase ist dies eine *Entdeckungsphase*.

Die Schriftstellerin Jean Fleming sagt: »Durch die Jahrhunderte hindurch hatten Christen immer Mühe, das richtige Gleichgewicht zwischen dem klösterlichen Dasein und einem Leben wagemutigen, eifrigen Dienstes zu finden – zwischen emsiger Arbeit und heiliger Stille. ... So verfangen wir uns in dem Maria-Martha-Dilemma, indem wir das aktive Leben gegen das kontemplative Leben abwägen.«[84]

Marthas brauchen keine Hilfe dabei, das aktive Leben zu ent-decken. Das kontemplative Leben ist es, was uns Schwierigkeiten macht. (Halten Sie hier inne, wenn Sie darüber nachdenken möch-ten.) Doch wenn wir langsamer werden, kann unser Geist so mit Gott in Verbindung treten, wie es seine Absicht ist. Dann entdecken wir, dass das Sitzen zu seinen Füßen keine langweilige Pflicht, son-dern etwas ganz Wesentliches und Gesegnetes ist.

Wenn Sie Ihre Entdeckungsphase nicht in einem Rutsch absol-vieren können, dann tun Sie es in einzelnen Schritten. Nehmen Sie sich *mindestens* einmal in der Woche eine regelmäßige Zeit, besser noch einmal täglich, um innerlich und äußerlich Bilanz zu ziehen und sich zu entgiften. Trinken Sie viel Wasser. Hören Sie sich Lob-preismusik oder Bachchoräle an. Beobachten Sie einen Sonnenun-tergang. Denken Sie über einen Bibeltext nach. Überprüfen Sie Ihre Perspektive, ob Sie auf ewige oder auf zeitliche Dinge fokussiert ist. Fasten Sie oder essen Sie nur natürliche Lebensmittel. Schauen Sie sich die Sterne an. Ziehen Sie jemanden ins Vertrauen, dem Sie regelmäßig Rechenschaft ablegen. Beten Sie an. Wenn Sie das tun, sind Sie schon ganz nahe daran, Ihr Leben auf das Eine, das not-wendig ist, auszurichten.

Wann wird Ihre Entdeckungsphase zu Ende sein? Keine Ahnung – meine ist immer noch im Gang! Ich tauche ein und wieder auf, je nach den Anforderungen des Lebens und je nachdem, wie gut ich mit ihnen umgehe. Ebenso wie ich können auch Sie immer anfällig fürs Marthatum sein, aber – Gott sei gepriesen – keine von uns muss ihm je wieder unterworfen sein.

# Lügen und Wahrheiten

»Ich muss nur mein Stresslevel senken. Dann preht's mir gima. Ich meine, geht's mir prima.«

Bis zu einem gewissen Grad stimmt das. Stress ist zweifellos ein großes Problem, aber er ist nicht die Wurzel aller Martha-Übel.

Ich habe es schon einmal gesagt, aber es lohnt sich, es noch einmal zu wiederholen: Die Schuld liegt zum großen Teil bei einer Täuschung. Falsche Sichtweisen über unsere Identität, unseren Wert und unseren Lebenszweck halten uns gefangen in Perfektionismus und Überforderung – sie ziehen uns herab und überwältigen uns. Wahre Sichtweise über unsere Identität, unseren Wert und unseren Lebenszweck erhalten uns die Freiheit – sie geben uns Energie und Überwindungskraft. Wollen Sie weniger Stress? Nehmen Sie mehr Wahrheit.

Glauben Sie mir, Sie und ich werden beide daraufhin geprüft werden. Darum fasse ich unten die Lügen, die wir meiden, und die Wahrheiten, die wir annehmen müssen, zusammen. Wir sind ihnen in Kapitel 8 schon einmal begegnet und haben uns in diesem ganzen Buch mit ihnen beschäftigt; hier sind sie noch einmal auf einen Blick. Prägen Sie sie sich gut ein!

*Lüge Nr. 1:*   Wenn wir uns mehr Mühe geben würden, könnten wir unser Leben vollständig unter Kontrolle bringen. Dann wäre das Leben perfekt, und wir wären glücklich.

*Wahrheit Nr. 1:*   Perfektion ist eine Illusion.

*Lüge Nr. 2:*   All diese inneren Imperative (die *Sollte-* und *Müsste-* und *Muss-*Botschaften in unserem Geist) sind wahr. Wenn wir sie alle verwirklichen würden, dann würden Druck und Stress verschwinden.

*Wahrheit Nr. 2:*   Wahrheit macht uns frei; Lügen halten uns gefangen.

| Lüge Nr. 3: | Gottes Liebe zu uns schwankt je nach unserer Leistung. |
|---|---|
| Wahrheit Nr. 3: | Gottes Liebe zu uns beruht auf seinem Charakter, nicht auf unserer Leistung. |
| Lüge Nr. 4: | Wir sollten jede Fähigkeit, die wir besitzen, zu jeder Zeit bis zum Maximum anwenden, selbst wenn es uns oder anderen schadet. Hat schließlich nicht auch Christus für uns gelitten? |
| Wahrheit Nr. 4: | Unsere Fähigkeiten sind Geschenke Gottes, die wir innerhalb gesunder Grenzen anwenden sollten. |
| Lüge Nr. 5: | Alles ist gleichermaßen wichtig und dringend. |
| Wahrheit Nr. 5: | Nur eines ist notwendig. |

Wie genau werden wir geprüft werden? Die meisten Prüfungen sind Entscheidungen, vor die wir gestellt werden.

- Wenn unser Kalender schon voll ist, werden wir dann eine weitere Aufgabe annehmen oder ablehnen?
- Wenn wir sie akzeptieren, werden wir innerhalb gesunder Grenzen daran arbeiten und sie dann loslassen, oder werden wir uns überfordern und unsere Beziehungen um des Projekts willen vernachlässigen?
- Wenn wir sie ablehnen, werden wir ein schlechtes Gewissen haben und uns unfähig fühlen, oder werden wir uns selbst auf die Schulter klopfen, weil wir unseren Fokus gewahrt haben?

## Testanleitung

Nachdem ich mich jahrelang im Martha-Modus durchgeschlagen habe, bin ich schließlich auf zwei Tipps gestoßen, die mir helfen, diese Tests, ob ich mich ans Stresslimit begebe oder nicht, zu bestehen: erstens, *keine schnellen Antworten*, und zweitens, *kreative Kompromisse*.

Hier ist ein Beispieltest, getarnt als Kompliment:

»Die [Projektmanagerin / Gemeinde-Gruppenleiterin / wer auch immer] ist nicht in der Lage, ihre Arbeit fortzuführen, weil sie [in Ruhestand gegangen ist / Drillinge bekommen hat / von Aliens entführt wurde]. Wir suchen verzweifelt jemanden, der uns aushilft, und Sie sind uns als Erste in den Sinn gekommen. Ihre Fähigkeiten wären einfach perfekt dafür, und es wäre eine große Erleichterung für uns, die ganze Angelegenheit in Ihren zuverlässigen Händen zu wissen.«

Und jetzt beobachten Sie, wie die Doppelstrategie *keine schnellen Antworten* und *kreative Kompromisse* zuschlägt:

»Vielen Dank. Ich brauche mindestens eine Woche Bedenkzeit. In der Zwischenzeit prüfen Sie bitte Alternativen, zum Beispiel [beauftragen Sie jemanden von außen / befördern Sie die Assistentin auf diese Position / lesen Sie eine *echte* Zeitung].«

Während der Bedenkzeit beten Sie darüber *und* halten Sie sich Ihr persönliches Mission Statement vor Augen (näheres dazu in Kapitel 17). Unterstützt dieses neue Angebot Ihren Fokus, oder bringt es Sie davon ab?

Wenn die Woche um ist, erkundigen Sie sich, wie die Überprüfung der Alternativen gelaufen ist. Höchstwahrscheinlich haben diese »verzweifelten« Leute keinen Finger gerührt, weil sie davon ausgegangen sind, dass Sie ihnen mal wieder aus der Patsche helfen. Vielleicht haben sie aber auch tatsächlich andere Möglichkeiten geprüft, aber Sie sind immer noch ihre erste Wahl. Wie werden Sie antworten? Ja? Nein? Mit einem weiteren kreativen Kompromiss? Gerade wollte ich schreiben: »Bei dieser Frage kann Ihnen niemand helfen«, aber dann merkte ich, dass das nicht stimmt. Derselbe Gott, der Ihnen Identität, Wert und Ziel in Christus gegeben hat, wird Ihnen auch helfen, Ihren Fokus zu wahren.

# Spieglein, Spieglein ...

In Kapitel 8 haben wir uns mit dem allerersten Perfektionisten beschäftigt – Luzifer. Als er auf die Idee kam, Gottes Vollkommenheit könnte nachgeäfft werden, übersah er etwas anderes: Sie kann auch gespiegelt werden.

Das funktioniert so: Ein Spiegel enthält kein eigenes Bild. Wir haben keine eigene Vollkommenheit. Statt eine Fälschung zu fabrizieren, nämlich äußerliche Perfektion – eine endlose, aussichtslose und ermüdende Aufgabe –, können Sie und ich Gottes echte Vollkommenheit widerspiegeln. Das Original! Wie machen wir das? Indem wir in Übereinstimmung mit seinem Charakter denken und handeln.

1. *Gott ist vollkommene Wahrheit.*[85] Das spiegeln wir nicht wider, indem wir mit Lügen operieren, sondern indem wir wahrhaftig denken, handeln und reden.
2. *Gott ist vollkommene Liebe.*[86] Das spiegeln wir nicht wider, indem wir unsere Zuneigung entziehen, wenn uns etwas nicht passt, sondern indem wir uns selbst und andere bedingungslos lieben.
3. *Gott ist vollkommene Barmherzigkeit.*[87] Das spiegeln wir nicht wider, indem wir andere verurteilen und verbittert sind, sondern durch verschwenderische Anteilnahme für andere.
4. *Gott ist vollkommene Gnade.*[88] Das spiegeln wir nicht wider, indem wir unser Mitgefühl rationieren, sondern indem wir andere ohne Rücksicht auf Verluste mit Wohlwollen überschütten.
5. *Gott ist vollkommener Friede.*[89] Das spiegeln wir nicht wider, indem wir uns krampfhaft an die Kontrolle klammern, sondern indem wir uns seiner Souveränität unterordnen.

Denken Sie jetzt: *Aber wenn ich die Kontrolle aus der Hand gebe, bricht alles auseinander! Wenn ich einer Person vergebe, die nicht umkehrt, wird sie sich nie ändern!* Der Punkt ist: Wir sind nicht Gott. (Welche Überraschung!)

An dieser Stelle kann uns unsere Schwester Maria helfen. Wenn wir uns wie sie Jesus zu Füßen setzen, tun wir mehr als nur eine gute Wahl zu treffen. Wir werden ihm nahe genug kommen, um ihn widerzuspiegeln.

Erinnern Sie sich noch an die Phantasien, von denen ich Ihnen am Anfang dieses Kapitels erzählt habe? In meiner Traumnachbarschaft war mein Haus von Mutter Beimer, den Cosbys und Oprah Winfrey umgeben. Doch dann brach die Realität wieder über mich herein – eine Realität, die alles andere ist als perfekt.

Aber so ist nun einmal das Leben. So ist die Wirklichkeit. Meine Tage sind voll mit Chaos und Unordnung und Kindern. Und das Wesentliche an diesem Satz ist, wie mir inzwischen klar ist, der Anfang: *Meine Tage sind voll.*

Das Leben ist also unvollkommen – na und? Leben und lieben Sie es trotzdem! Und wenn Ihnen eins davon an manchen Tagen schwer fällt, dann dürfen Sie sich meine Phantasie ausleihen. Ich bringe Sie Ihnen selbst vorbei, und wir können beim Brunch darüber reden.

# Kapitel 17

# (Noch) eine Sache

Welches Recht hatte Martha von Bethanien, so gestresst zu sein?

Zugegeben, verglichen mit unserer Welt war die ihre klein, und ihre Anforderungen waren viel geringer. Die Bibel erwähnt nichts davon, dass Martha Schwiegereltern, emotionale Altlasten, Arbeitsessen, Softwarefehler, Autoraten, Cholesterinsorgen, Waschmaschinenreparaturen, nervende Kinder, Hitzewallungen oder Reklamepost gehabt hätte.

Wir Marthas des neuen Jahrtausends haben all das und mehr. (Obwohl ich gerne zugebe, dass es vielleicht ein *bisschen* stressig sein könnte, ein Essen für den Sohn Gottes zuzubereiten.)

Was war es, das Martha brauchte? Was ist es, das wir brauchen? Ist es die richtige Balance? Ist das das »Eine«?

## Die schwierigste Zirkusnummer der Welt

Der König der Balance ist vielleicht der deutsche Akrobat Karl Wallenda. Er und seine Familie versetzten ihr Publikum mit Hochseilakten in Erstaunen. Ihre denkwürdigste Nummer war die Große Pyramide mit drei Etagen aus sieben Artisten. Patriarch Karl sagte: »Auf dem Drahtseil sein ist Leben; alles andere ist Warten.«

Marthas würden sagen: »Die Balance finden ist Leben.«

Unser Traum ist es, die perfekte Balance zu erreichen. Jene rätselhafte Formel, durch die jeder Zahn jedes Rädchens genau passt und sich ruckelfrei bewegt. Balance impliziert haarfeine Organisation aller Faktoren. Einen unerschöpflichen Vorrat an Zeit und Kraft. Die niemals nachlassende Kooperation anderer Leute. Und keinen Raum für Überraschungen.

Könnten wir nur die perfekte Balance erreichen, dann könnten wir noch eine weitere Etage von Zielen und Projekten hinzufügen. Und wenn diese Etage ausbalanciert ist, könnten wir, hochleistungssüchtig, wie wir sind, noch eine hinzufügen ... und dann noch eine ... und dann noch eine.

Aber das mit der Balance ist eine knifflige Sache. Hat man sie, sieht alles ganz leicht aus. Ist Ihnen schon einmal aufgefallen, wie gelassen diese Hochseilartisten wirken? Sie mögen fast reglos auf dem Drahtseil stehen oder sitzen, aber das bedeutet nicht, dass sie sich ausruhen. Nein, das Schwierigste kommt erst noch. Ist die perfekte Balance erst einmal erreicht, *muss sie gehalten werden*. Jede Faser im Dasein des Artisten geht völlig darin auf, die perfekte Balance zu halten. Ist es das, was wir wirklich wollen? Intensive Anstrengung auf Leben und Tod, ohne Spielraum für Irrtümer? Nicht für mich, vielen Dank. Schon gar nicht, wenn ich dazu diese Strumpfhosen tragen müsste.

## Idee gut, Ansatz falsch

Okay. Unser Leben ist also nicht in der perfekten Balance und wird es vermutlich auch nie sein. Jetzt kommt die nächste Frage, die wir alle uns stellen müssen: »Ist mein Leben einfach oder kompliziert?« OH, MANN! Unser stressiges Leben ist so kompliziert, dass sich die Steuergesetze daneben wie ein Kochrezept ausnehmen.

Der Apostel Paulus äußerte die Befürchtung, manche Gläubigen hätten ihre »Einfalt und Lauterkeit gegenüber Christus« verloren.[90] Seit wann war es je »einfältig« oder einfach, sich Christus hinzugeben, besonders für Marthas?

Wir können versuchen, unser Leben abzuspecken und zu vereinfachen. Aber wir sabotieren uns immer wieder selbst mit unserer Gewohnheit der *selbst auferlegten Komplexität*. Damit meine ich Folgendes:

Eine nicht näher genannt sein wollende Martha wurde gebeten, für die fünfte Klasse ihres Kindes die Thanksgiving-Party in der

Schule zu organisieren. Einfach wäre es gewesen, Süßigkeiten zu verteilen und »Reise nach Jerusalem« zu spielen. Aber würde sich eine Martha damit zufrieden geben? Nein. Stattdessen machte ich ein riesiges Event daraus. Ich meine, *die nicht näher genannt sein wollende Martha* machte ein riesiges Event daraus. Sie backte echte Maiskuchen nach einem Originalrezept aus der Pilgerzeit aus einem Buch in der Bibliothek. Auf ihrem Computer entwarf sie Bingo-Karten für fünfundzwanzig Schüler, auf denen sie statt der Zahlen auf den Festtag bezogene Begriffe verwendete. »›Mayflower‹. Hat jemand ›Mayflower‹ auf der Karte stehen? Gut. Ist das nicht lustig? Das nächste Wort ist ›Hunger‹.«

Eine einfache Aufgabe kann bei uns nicht einfach bleiben. Unsere *selbst auferlegte Komplexität* treibt alles um jeden Preis ins Extrem. Da wir kein Gespür dafür haben, wann wir bei »gut genug« angekommen sind, überarbeiten wir uns nicht nur, wir überfeiern uns auch! Das ist einer der schnellsten Wege, um sich »viel Sorge und Mühe« zu machen.

Vereinfachung ist zwar auch nicht das »Eine«, aber sie ist bestimmt eine gute Sache! Sie ist der Schlüssel zur Abkehr vom stressigen Lebensstil, und ich kann sie nur dringend empfehlen. Aber nach welchen *Kriterien* sollen wir vereinfachen? Es muss einen *Maßstab*, eine *Richtlinie* dafür geben, was wir behalten und was wir weglassen; dafür, wo die Grenze zwischen »gut genug« und »stressig« liegt. Und damit kommen wir dem »Einen« noch einen Schritt näher.

## PMS: Unser neuer bester Freund

Ich weiß, was Sie jetzt denken: »Prämenstruelles Syndrom. Her mit den Kartoffelchips und lasst mich in Ruhe.«

Doch in diesem Fall ist PMS nicht jene monatliche Erinnerung daran, warum wir alle Eva hassen. Diesmal steht das Kürzel für *Persönliches Mission Statement*.

Marthas sind nie ohne Liste, sei es im Kopf oder schwarz auf weiß. Sie ist angefüllt mit Dingen, die wir tun müssen (oder die wir meinen, tun zu *müssen* oder zu *sollen*). Beim PMS jedoch geht es nicht darum, *was* wir tun. Es geht darum, *warum* wir tun, was wir tun. Mit einem Wort, es geht um unseren Fokus.

Stellen Sie sich vor, Sie rufen beim Radiosender an, um den Liedtitel beim Ratespiel zu nennen: »Muskrat Love« von The Captain and Tenille.[*] Der Diskjockey sagt: »Herzlichen Glückwunsch! Sie haben eine Reise gewonnen! Fangen Sie an zu packen, in einer Stunde geht Ihre Maschine!«

Nachdem Sie ein paar Minuten auf und ab gehüpft sind, holen Sie Ihre Koffer hervor und ... ja, was dann? Da Sie weder den Zielort, noch die Länge, noch den Zweck Ihrer Reise kennen, haben Sie keine Ahnung, was oder wie viel Sie einpacken sollen. Also gehen Sie auf Nummer sicher und packen von alldem etwas ein – Skistiefel, Sommerkleid, Blue Jeans, Business-Kostüm.

Genauso verbringen viele von uns Marthas ihr Leben. Eine Frau kommentierte: »Wir sind oft gegenseitig unsere schlimmsten Feinde. Wenn wir sehen, wie jemand sich die Woche übervoll packt, seufzen wir bewundernd, statt zu fragen: ›Warum machst du das alles eigentlich?‹«[91]

Das Ergebnis ist ein überladenes, gestresstes Leben ohne Bodenhaftung. Der Geruch von brennendem Gummi und das Geräusch eines Rennmotors erfüllen die Luft. Sehr beeindruckend. Aber wir sind keinen Zentimeter vorwärts gekommen. Unsere Räder drehen durch, weil uns dieser eine Fokus fehlt, den wir, um vorwärts zu kommen, ins Visier nehmen müssen.

---

[*] Als ich einmal mit den Kindern im Auto unterwegs war, fing ich an, einen Song aus den Siebzigern zu trällern: »Knock Three Times« von Tony Orlando und Dawn. Fragen Sie mich, warum, denn ich mochte das Lied eigentlich noch nie, auch nicht, als es neu war. Als ich in Nostalgie schwelgte und im Takt auf das Armaturenbrett klopfte, reagierte Elizabeth. Sie setzte ihre »Geschockter-Teenager«-Miene auf und sagte: »Hilfe, ich glaube, ich bin geoldiet worden.«

Hatten Sie als Kind auch eine von diesen kleinen wassergefüllten Schneekugeln? Wenn man sie schüttelte, wirbelten darin die Plastikschneeflocken herum, bis sie allmählich auf den Boden irgendeiner Plastikszenerie sanken.

Unser PMS mitten im Trubel unseres stressigen Lebensstils zu entdecken ist unmöglich. Ebenso wie die Schneekugeln müssen wir lange genug stillhalten, damit sich unsere Arbeit und unser Denken und Tun erst einmal setzen können. Zuerst werden die Schneeflocken noch wie verrückt herumwirbeln. Bleiben Sie sitzen und lauschen Sie. Dann werden sie sich drehen und herabsacken. Bleiben Sie sitzen und lauschen Sie. Schließlich werden die Schneeflocken zu Boden sinken und ruhig liegen bleiben. An diesem Punkt, wo Ruhe und Stille einkehren, fängt unser Sitzen und Lauschen erst richtig an! Es kann einen ganzen Tag, eine Woche oder sogar ein Jahr dauern, um diesen Punkt zu erreichen. Aber wenn wir so weit sind, wird die Landschaft – *unser Fokus* – endlich sichtbar.

Während dieser Phase des Sitzens müssen wir beten und andere für und mit uns beten lassen. Wir müssen über Texte der Bibel nachdenken. Vor allem aber müssen wir anbeten, indem wir unsere Herzen, Gedanken und Stimmen in ausgiebigem Lobpreis zu Gott erheben.

Es gibt viele großartige Quellen, die uns dabei unterstützen können, unseren Fokus zu finden. Eine der besten ist das Buch *Kirche mit Vision* von Rick Warren.[92] Er nennt fünf Kriterien, die hervorragend geeignet sind für Leute, die auf der Suche nach ihrem Lebenszweck sind: die *geistlichen Gaben* (siehe einschlägige Bibelstellen[93]), das *Herz* (was ist Ihre Leidenschaft?), Ihre *Anlagen* (was sind Ihre Fähigkeiten?), Ihre *Persönlichkeit* (wie ist Ihr Persönlichkeitsstil?) und Ihre *Erfahrung* (was haben Sie bisher getan und gelernt?). Auch bei Willow Creek ist ein exzellenter Kurs unter dem Titel D.I.E.N.S.T. (Dienen im Einklang mit Neigungen, Stärken und Talenten) erschienen.[94]

Manche Marthas sind in Versuchung, diesen Teil des Sitzens und Lauschens zu überspringen und sich einfach auf diese Bücher zu stürzen, um den Prozess zu beschleunigen. Hier mein Ratschlag als Mitreisende für diese ehrgeizigen Marthas: Wenn Sie das tun, verwandelt sich die Schneelandschaft in einen gefährlichen Schneesturm, der Ihnen die Sicht nimmt. *Stille ist die Voraussetzung dafür, Ihren Fokus zu finden.* Wenn Sie das vernachlässigen, tun Sie es auf eigene Gefahr.

## Die Top-Five-Listen des PMS

Wir wissen, dass unser persönliches Mission Statement überarbeitet werden muss, wenn:

5. Es in Stein gemeißelt ist.
4. Es so kompliziert und allumfassend ist, dass wir schon wieder davon gestresst sind.
3. Es unsere Beziehungen zu anderen Menschen vernachlässigt.
2. Es unsere Beziehung zu Gott vernachlässigt.
1. Wir so stolz darauf sind, dass wir andere, die keines haben, verurteilen.

Wir wissen, dass mit unserem persönlichen Mission Statement alles in Ordnung ist, wenn:

5. Es auf Papier steht, so dass wir es von Zeit zu Zeit überprüfen und anpassen können.
4. Es *einen* Zweck (Fokus) in *einem* Satz ausdrückt.
3. Es unsere Beziehungen zu anderen Menschen fördert.
2. Es unsere Beziehung zu Gott fördert.
1. Wir erkennen, dass es kein Zeichen der Überlegenheit über andere, sondern der Unterordnung unter Gott ist, wenn wir ein PMS haben.

Unser PMS gibt uns einen Fokus. Fokus ist etwas, worauf wir gehen, woran wir uns anlehnen und durch das wir hindurchschauen können. Fokus hält uns auf Kurs, in Frieden und in Harmonie. Wenn sich uns Gelegenheiten bieten, die mit unserem PMS konkurrieren, lassen Sie uns nein sagen. Jedes Nein, das wir zu einem unwesentlichen Fokus-Dieb sagen, ist ein großes Ja zu unserem PMS. Einer der besten Wege, um unsere Zurechnungsfähigkeit, unseren inneren Frieden und unsere Gesundheit zu bewahren, ist es, unseren Fokus zu bewahren.

Balance ist unmöglich. Einfachheit ist wichtig. Fokus ist unerlässlich.

Wir kommen der Sache näher, aber wir sind immer noch nicht bei dem »Einen«.

## Was müssen wir wählen?

Mein Elternhaus hatte einen riesigen Garten voller Bäume – eine Weide, ein paar Pappeln und Nadelbäume, einen Kirschbaum, einen Pflaumenbaum und ein paar Apfelbäume. Auf die kletterte ich am liebsten. Ihre Rinde war nicht so kratzig wie die der Pappeln, und ihre kräftigen Äste machten es möglich, bis hoch ins grüne Laub zu steigen. Wen interessierte es schon, dass die Äpfel klein, grün, von Würmern zerfressen und sauer waren? Zum Essen taugten sie nicht, aber dafür umso besser zum Werfen.

Jahre später nahm mich meine Schwiegermutter nach Illinois mit, wo ich zum ersten Mal ganz offiziell Äpfel pflückte. Als ich aus der Ferne die Bäume in dem Obstgarten sah, wäre ich beinahe vom Heuwagen gefallen. Die waren winzig! Nur ein Bruchteil der Größe meiner Apfelbäume zu Hause! Hätte ein Kind es gewagt, auf einen davon zu klettern, wären die spindeldürren Äste wie Zahnstocher abgebrochen. Meine arme Schwiegermutter war dem jämmerlichsten Apfelgarten der Welt auf den Leim gegangen.

Doch als wir zwischen den Bäumen hindurchgingen, änderte ich meine Meinung. An jedem der Bäume hing eine Fülle saftiger, großer, tiefroter Früchte. Wir bissen jeder in einen Apfel und beugten uns vor, um den warmen Saft vom Kinn ins Gras tropfen zu lassen. Herrlich!

Warum der große Unterschied? Die Bäume in meinem alten Garten hatten keinen Fokus. Sie waren einfach wild gewachsen, bis wir einzogen. Die Bäume in diesem Garten *hatten* einen Fokus: Früchte zu tragen. Der Gartenbesitzer schnitt sie rücksichtslos zurück, so dass alle Nährstoffe diesem einen Fokus zugute kamen.

Mag sein, dass es eindrucksvoll aussieht, wenn man gestresst ist – wir sind ja so wichtig! Talentiert! Man braucht uns! Aber wie bei meinen Apfelbäumen zu Hause sind die kläglichen Früchte des Marthatums weitgehend nutzlos.

Die Autorin Jean Fleming benutzte die Analogie eines Baumes, um zu schildern, wie sie ihren Fokus fand. Ihre Beziehung zu Christus war der Baum. Die Äste waren die wichtigsten Bereiche ihres Lebens. Die Zweige an diesen Ästen waren die Aufgaben, mit denen sie sich in diesen Bereichen beschäftigte. Wie wählte sie aus, welche Zweige sie zurückschnitt? Sie wählte zwischen »denen, die Früchte tragen, und denen, die nur Nährstoffe verbrauchen.«[95]

Welche Dinge in unserem Leben entziehen uns nur Nährstoffe?

Welche Dinge in unserem Leben tragen Früchte – oder *könnten* Früchte tragen, wenn mehr Nährstoffe in ihre Richtung gelenkt würden?

Zwischen diesen beiden Dingen zu wählen mag schwierig sein, aber genau das ist es, was wir tun müssen.

Jesus wollte, dass Martha *wählte*, wie Maria es getan hatte; dass sie *wählte*, wie er selbst es nach einer durchbeteten Nacht tat, als er zwölf Männer auswählte, die seine engsten Jünger sein sollten. Das ursprüngliche Wort für diese Art des Wählens »impliziert nicht unbedingt die Ablehnung dessen, was nicht gewählt wird, sondern sie ist ein ›Wählen‹ mit einem Beiklang von Freundlichkeit oder Gunst oder Liebe.«

Als Maria das gute Teil erwählte, das »Eine«, lehnte sie damit nicht für immer alle irdischen Haushaltsdinge ab. Es würde immer Mahlzeiten zuzubereiten, Betten zu machen und Geschirr zu spülen geben. (Man könnte Jesu Worte über die Armen umwandeln: »Denn Projekte habt ihr allezeit bei euch.«[96]) Sie würde auch weiterhin mit beiden Füßen auf festem Boden stehen bleiben. Doch indem sie das gute Teil erwählte, wandte sie sich dem Ewigen zu.

Balance ist unmöglich. Einfachheit ist wichtig. Fokus ist unerlässlich. Wählen ist unvermeidlich.

Jetzt sind wir bereit für das »Eine«.


## Zu einfach, um wahr zu sein?

Das »Eine« ist nicht etwas, das wir aus irgendeiner streng geheimen, höchst esoterischen, todsicheren Liste von Schritten in einem Buch beziehen könnten – auch nicht aus diesem Buch. Wir erreichen es nicht, indem wir unser natürliches Marthatum verleugnen oder ein äußerliches Mariatum vortäuschen. Wir fangen es nicht ein, indem wir härter, länger oder auch intelligenter arbeiten.

Das »Eine« hat nichts damit zu tun, der richtige Persönlichkeitstyp zu sein.

Das »Eine« hat nichts damit zu tun, die richtige Formel anzuwenden.

Es hat mit Liebe zu tun.

Kurz bevor Lukas unsere Lieblingsgeschichte von Maria und Martha erzählt, schildert er, wie Jesus einem Schriftgelehrten antwortete, der wissen wollte, welches das wichtigste Gebot von allen sei. Seine Antwort? »Liebe Gott. Liebe die Menschen.«

Lesen Sie selbst:

Jesus antwortete ihm: »›Liebe Gott, den Herrn, von ganzem Herzen, aus ganzer Seele und mit deinem ganzen Verstand!‹ (5. Mose 6,5). Das ist das erste und wichtigste Gebot. Ebenso wichtig ist aber das zweite: ›Liebe deinen Mitmenschen, so wie du dich selber liebst!‹ (3. Mose 19,18). Alle anderen Gebote und alle Forderungen der Propheten sind in diesen Geboten enthalten.«[97]

Das kann doch irgendwie nicht stimmen, oder? Das ist zu einfach. Hmm. Hier ist ein bisschen selbst auferlegte Komplexität gefragt!

Erinnern Sie sich an Paulus' Bemerkung, wir sollten dem Herrn in Einfalt dienen? Hier ist der Vers im Ganzen: »Ich fürchte aber, dass, wie die Schlange Eva *verführte* mit ihrer List, so auch eure Gedanken *abgewendet werden von der Einfalt* und Lauterkeit gegenüber Christus«[98] (Hervorhebung hinzugefügt).

Beachten Sie den Zusammenhang zwischen Verführung (Täuschung) und dem Verlust der Einfachheit. Sehen Sie, wie wichtig es ist, dass wir bei wahrhaftigem Denken bleiben? Fehlerhafte Denkmuster machen uns blind für einfache Wahrheiten. Indem wir Lügen glauben, bleiben wir in den Ketten des Perfektionismus und des leistungsorientierten Glaubens gefangen. Indem wir die Wahrheit glauben, einschließlich des »Einen«, das notwendig ist, werden wir frei!

## Weitere Bestätigungen

Auch andere Stellen im Neuen Testament bestätigen, dass die Liebe das »Eine« ist.[99]

»Geht liebevoll miteinander um.«

»Meine Freunde, wenn uns Gott so sehr liebt, dann müssen auch wir einander lieben.«

»In herzlicher Liebe sollt ihr miteinander verbunden sein.«

»Gott selbst hat euch gezeigt, wie ihr einander lieben sollt.«

»Meine Kinder, lasst uns einander lieben: nicht mit leeren Worten, sondern mit tatkräftiger Liebe und in aller Aufrichtigkeit.«

»Euch aber schenke der Herr immer größere Liebe zueinander.«

»Dient einander in selbstloser Liebe!«

»Bei all euerm Tun aber lasst euch von der Liebe leiten.«

»Gott ist Liebe.« –

Vielleicht hat Maria Martha bei den Essensvorbereitungen geholfen – bis zu einem bestimmten Punkt. Dann erkannte sie vielleicht, dass sie bei »gut genug« angekommen waren (sie vereinfachte). Sie machte sich neu bewusst, was ihr eigentlich wichtig war (sie fokussierte). Und schließlich traf sie die Entscheidung, ob sie diesem Fokus treu bleiben wollte oder nicht (sie wählte).

Liebe, das »Eine«, ist die Messlatte, anhand der wir vereinfachen, fokussieren und wählen. Wenn wir gestresst sind, gibt es eine gute Frage, die wir uns stellen können: »Ist das, *was* ich tue, die Art, *wie* ich es tue, und der Grund, *warum* ich es tue, geeignet, um Liebe zu Gott und anderen Menschen zu zeigen?« Wenn die Antwort nein lautet, ist es an der Zeit, wieder einmal zu vereinfachen, zu fokussieren und das gute Teil zu wählen. Denn das wird uns niemals genommen werden.

# Epilog

Wir kehrten zurück an den Schauplatz des Verbrechens.

Zehn Jahre waren vergangen, seit Teresa und ich in dem christlichen Werk gearbeitet hatten, wo unser Marthatum zum ersten Mal das Limit erreichte – jenes Werk, in dem wir einen chaotischen, schäbigen Lagerraum in einen »hell erleuchteten Schaukasten unserer organisatorischen Fähigkeiten« verwandelt hatten. Zum Abschluss unseres Besuches bei einer Freundin, die immer noch dort arbeitete, beschlossen wir, einen Blick hinter die letzte Tür links zu werfen.

Überraschung!

Womöglich sah der Raum noch schlimmer aus als ursprünglich, als wir dort gearbeitet hatten. Die einst so ordentlichen Regale hingen durch, kaum noch zu sehen unter dem Durcheinander aus Kartons verschiedenster Größe, viele davon mit Wasserflecken, nur wenige mit Deckeln und keiner davon beschriftet. Leere Fast-Food-Verpackungen, die überall herumlagen, fügten dem Geruch von Staub und Schimmel noch den von altem Fett hinzu. Gelbe, orangefarbene und braune Elektrokabel schlängelten sich durch den Schutt, der den Boden bedeckte. Wir hätten wetten können, wenn wir ein bisschen suchten, würden wir auch wieder eine Bowlingkugel finden.

Teresa ergriff als Erste das Wort, aber sie sagte genau das, was ich dachte.

»Bist du nicht auch froh, dass wir nicht mehr so leben müssen?«

Was sie damit meinte, war Folgendes: Wir hatten keinerlei Neigung, selbst dort Ordnung zu schaffen oder uns zu beschweren, dass jemand anderes das tun *sollte* oder *müsste*. Wir verspürten keinen Zorn, keinen Frust und kein schlechtes Gewissen über dieses Projekt, das uns so viel gekostet und so wenig gebracht hatte.

Wir konnten es loslassen.

Wir waren frei geworden.

Durch Gottes Gnade waren *wir* innerlich in hell erleuchtete Schaukästen der Erlöser-Fähigkeiten Christi verwandelt geworden. Er nahm den Stress, die Täuschung, den Workaholismus und sogar den Perfektionismus weg.

Sie und Teresa und ich mögen unsere Martha-Eigenschaften immer behalten. Daran ist auch nichts Falsches. Falsch ist nur, wenn wir uns davon in gnadenlosen Stress treiben lassen. Dagegen gibt es ein einfaches Gegenmittel.

Möge die Liebe immer an erster Stelle auf unserer Liste stehen.

# ANMERKUNGEN

[1] Don Hawkins et al., Before Burnout, 2. Aufl. (Chicago: Moody, 1990), 184.

[2] 1. Johannes 3,2.

[3] Sprüche 16,18.

[4] Lukas 10,41-42. (Hfa)

[5] Es besteht ein erheblicher Unterschied zwischen Menschen mit einer obsessiven Persönlichkeit und Leuten mit einer obsessiv-zwanghaften Störung (obsessive-compulsive disorder, OCD). OCD ist eine schwere Krankheit, meist gekennzeichnet durch extremen Waschzwang, Kontrollzwang oder Sammelzwang. OCD erfordert eine professionelle Behandlung. Die obsessive Persönlichkeit dagegen ist vor allem durch Perfektionismus charakterisiert und wird von dem zweifachen Bedürfnis nach Kontrolle und nach Vollkommensein getrieben. Einige der Merkmale des Perfektionismus bei obsessiven Persönlichkeiten sind »die Angst davor, Fehler zu machen; die Angst, eine falsche Entscheidung zu treffen; ein starkes Engagement für die eigene Arbeit; ein Bedürfnis nach Ordnung und einer festen Routine; Sparsamkeit; ein Bedürfnis, die Regeln zu kennen und zu befolgen; emotionale Zurückhaltung; eine Tendenz, starrsinnig oder ständig in Opposition zu sein; eine gesteigerte Empfindlichkeit dagegen, von anderen unter Druck gesetzt oder kontrolliert zu werden; eine Tendenz, sich Sorgen zu machen, zu grübeln oder zu zweifeln; ein Bedürfnis, über alle Kritik erhaben zu sein – moralisch, beruflich oder persönlich; übermäßige Vorsicht; ein ständiger innerer Druck, jede Minute produktiv zu nutzen.« Allan E. Mallinger, M. D., und Jeanette DeWyze, Gnadenlos perfekt (Bergisch Gladbach: Bastei-Verlag, 1999), 22.

[6] Diese Informationen stammen, wie auch die meisten anderen in diesem Kapitel erwähnten Einzelheiten über die Zeit Jesu, aus folgenden Quellen: John J. Pilch, The Cultural Dictionary of the Bible (Collegeville, Minn.: Liturgical, 1999); John J. Rousseau, Jesus and His World (Minneapolis: Augsburg Fortress, 1995); Nelson's Complete Book of Bible Maps and Charts (Nashville: Thomas Nelson, 1996); Alfred Edersheim, The Life and Times of Jesus the Messiah, Bible Explorer 2.0 (Epiphany Software, 1998); Leland Ryken, James C. Wilhoit, und Tremper Longman III (Hg.), Dictionary of Biblical Imagery (Downers Grove, I11.: Inter-Varsity, 1998).

[7] Edersheim, The Life and Times of Jesus the Messiah, 224.

[8] Ibid., 223.

[9] Ryken et al., Dictionary of Biblical Imagery, 403.

[10] 5. Mose 10,19. (L)

[11] Matthäus 25,35. (L)

[12] Charles W. Budden and Edward Hastings, The Local Colour of the Bible (Edinburgh: T. & T. Clark, 1925), 90-92.

[13] Ryken et al, Dictionary of Biblical Imagery, 403.

[14] 1. Mose 18,0-15; 1. Samuel 25,14-42; 1. Könige 17,8-16.

[15] Pilch, The Cultural Dictionary of the Bible, 5.

[16] Lukas 10,38-42. (GNB)

[17] Die Reinigung des Tempels, Johannes 2,13-16 (27 n. Chr.); die galiläischen Wunder, Johannes 4,46-54; Lukas 4,31-5,26; Matthäus 14,22-33; die Heilungen in

Jerusalem, Johannes 5,1-17 (28 n. Chr.) und Johannes 9,1-41 (29 n. Chr.); Auswahl der Jünger, Lukas 6,12-16 (28 n. Chr.); weibliche Weggefährtinnen, Matthäus 27,55-56; Markus 15,40-41; Lukas 8,1-3.

[18] John J. Pilch, The Cultural Dictionary of the Bible (Collegeville, Minn.: Liturgical, 1999), 46-47,60.

[19] Sturm, Markus 4,38; Tagelöhner, Johannes 10,13; Judas, Johannes 12,6.

[20] Lukas 22,31; Matthäus 23,37; Apostelgeschichte 9,4; Lukas 10,41.

[21] Johannes 11,5.

[22] Jason A. McGarvey zitiert Robert B. Slaney in »The Almost Perfect Definition«, Research (Pennsylvania State Univ.) 17 (September 1996). Http://www.research.psu.edu/rps/sep96/almost.html.

[23] Ellen Sue Stern, The Indispensable Woman (New York: Bantam, 1988), 21.

[24] Joseph S. Carroll, How to Worship Jesus Christ (reprint; Chicago: Moody, 1991), 27.

[25] Ebd., 26.

[26] 2. Korinther 4,18. (GNB)

[27] Psalm 39,5-7. (Hfa)

[28] John M. Oldham, M. D., und Lois B. Morris, Personality Self-Portrait: Why You Think, Work, Love, and Act the Way You Do (New York: Bantam, 1990), 396.

[29] Richard A. Swenson, M. D., The Overload Syndrome: Learning to Live Within Your Limits (Colorado Springs: NavPress, 1998), 31-33.

[30] Vgl. 1 Petrus 3,7.

[31] 1. Mose 1,1 (L); Hebräer 11,3 (L); Offenbarung 4,11 (Hfa).

[32] 5. Mose 10,17 (L); Apostelgeschichte 10,34 (GNB); Römer 2,11 (L); 2. Petrus 3,9 (Hfa).

[33] Kain und Abel, 1. Mose 4; Ismael und Isaak, 1. Mose 16 und 21; Jakob und Esau, 1. Mose 25,21-34; 33,1-20; Josef, 1. Mose 37; Lea und Rahel, 1. Mose 28-30.

[34] Apostelgeschichte 15,36-40.

[35] 2. Chronik 2.

[36] Matthäus 16,18; 1. Korinther 12,27.

[37] Römer 12 und 14; 2. Korinther 10,12-13,17; Galater 6,3.

[38] Römer 14,19 (L).

[39] Epheser 4,31-32; 1. Petrus 4,8; 1. Korinther 6,19-20; 1. Petrus 3,2-10.

[40] Sterne, Psalm 147,4; Engel, Hebräer 12,22; Gabriel, Lukas 1,11-22.26-38; Michael, Judas 9 und Offenbarung 12,7-9.

[41] Hesekiel 28,13 (Hfa), gefolgt von Jesaja 14,11 (L).

[42] Jesaja 14,14 (L).

[43] David Stoop, M. D., Living with a Perfectionist (Kansas City: Nelson, 1987), 52.

[44] 2. Korinther 11,14.

[45] 1. Johannes 4,4 (L).

[46] Johannes 8,44.

[47] Johannes 8,31-32 (GNB).

[48] »Ankläger«, Offenbarung 12,10.

[49] Der »Engel des Abgrunds; sein Name heißt auf hebräisch Abbadon, und auf griechisch hat er den Namen Apollyon« (Offenbarung 9,11; Hervorhebung von mir). Beide Ausdrücke bedeuten »Zerstörer«. M. G. Easton, Boston's Bible Dictionary (Oak Harbor, Wash.: Logos Research Systems, 1996).

[50] Miriam Elliott und Susan Meltnser, The Perfectionist Predicament: How to Stop Driving Yourself and Others Crazy (NewYork: William Morrow, 1991), 30-31.

[51] Ebd.

[52] Adam und Eva, 1. Mose 3,8; Hananias und Saphira, Apostelgeschichte 5,1-11; Jesus und die Pharisäer, Matthäus 23,27.

[53] David Seamands, Freedom from the Performance Trap (Wheaton, 111.: Victor, 1988), 168. Hervorhebungen von Seamands.

[54] Epheser 2,3 (L); Galater 5,20 (GNB).

[55] Allan E. Mallinger, M. D., und Jeanette DeWyze, Gnadenlos perfekt (Bergisch Gladbach: Bastei-Verlag, 1999), 37.

[56] Bill Hybels, Entfalte deinen Charakter (Asslar: Schulte & Gerth), 1997.

[57] 3. Mose 22,19-24.

[58] Jean Fleming, Finding Focus in a Whirlwind World (Fort Collins, Colo.: Treasure, 1991), 13-14.

[59] Peg Rankin, How to Care for the Whole World and Still Take Care of Yourself (Nashville: Broadman & Holman, 1994), ix-x.

[60] Susan L. Lenzkes, »Parenthood«, Copyright 1981. Mit freundlicher Genehmigung der Verfasserin.

[61] Jakobus 1,20 (Hfa); Sprüche 31,26 (Hfa).

[62] In einer informellen Umfrage schilderten Kinder, wie sie ihre Eltern verändern würden: »Ich würde sie bitten, mich zu lieben.« »Ich würde ihnen sagen, dass sie mich lieben sollen.« »Ich hätte gerne, dass sie mich mehr lieben.« »Ich würde mir wünschen, dass sie ... Liebe zeigen statt Zorn oder Ungeduld.« »Sie sollen liebevolle Eltern sein.« »Ich würde sie bitten, mich zu lieben, was immer ich tue.« »Ich würde ihnen beibringen, mich in den Arm zu nehmen und mir zu sagen, dass sie mich lieben ... ich wünschte nur, sie würden mich in den Arm nehmen.« Die Autoren kommen zu dem Schluss: »Ein Kind muss sicher sein, dass seine Eltern es unabhängig von seiner Leistung akzeptieren.« Bill Orr und Erwin Lutzer, If I Could Change My Mom and Dad ... (Chicago: Moody, 1983), 18-27, 137.

[63] Dr. Chuck Lynch, Perfectionism: How to Gain Release from the Performance Trap, Audiokassette (Blue Springs, Mo.: Living Foundation Ministries, 1993).

[64] Lynch, Telefoninterview, 4. Januar 2000.

[65] 1. Könige 18-19.

[66] Die Ersten und die Letzten, Matthäus 20,16; weise und töricht, 1. Korinther 3,18; Stärke und Schwäche, 2. Korinther 12,10.

[67] Dale Ryan und Juanita Ryan, »Asking for Support«, elektronisches Dokument von Christian Recovery International. Http://www.christianrecovery.com/askhelp. htm.

[68] Joni Eareckson Tada, zitiert in Joseph Stowell, Far from Home (Chicago: Moody,1998), 130.

[69] 2. Korinther 12,9 (Hfa).

[70] Roxie Ann Wessels,Telefoninterview und Faxkorrespondenz, 10. Februar 2000.

[71] Richard Swenson, M. D., The Overload Syndrome (Colorado Springs: NavPress, 1998), 77.

[72] Johannes 8,32 (L).

[73] Neil Anderson, Daily in Christ (Eugene, Oreg.: Harvest House, 1993), Lesung für den 1. November.

[74] Frank Minirth, Don Hawkins und Paul Meier, Happy Holidays (Grand Rapids: Baker, 1990), 58-59.

[75] 5. Mose 5,6-21.

[76] 4. Mose 15,39-40 (GNB).

[77] Christine M. Bryla, »The Relationship Between Stress and the Development of Breast Cancer: A Literature Review«, Oncology Nursing Forum 23 (Januar/Februar 1996), 441-442.

[78] »Cortisol ist ein Hormon, das während der ›Kampf-oder-Flucht‹-Stressreaktion von der Nebennierenrinde ausgeschüttet wird. Es verursacht Glukoneogenese und die Aufspaltung von Fetten und Proteinen, um Brennstoff zu gewinnen. Die Aufspaltung von Fetten ist meist nicht schädlich, aber eine dauerhafte Aufspaltung von Proteinen kann zu einer erhöhten Anfälligkeit für Krebs führen (Allen, 1983). Protein ist der Hauptbestandteil der weißen Blutkörperchen. Wenn Cortisol die Aufspaltung des Proteins zur Energiegewinnung verursacht, wie es während der Stressreaktion der Fall ist, bleibt für das Immunsystem zu wenig Rohmaterial, um neue Zellen zu erzeugen und reifen zu lassen. Letzten Endes unterdrückt dies die Effektivität der Überwachung durch das Immunsystem. Die Wahrscheinlichkeit, dass bösartige Zellen unbemerkt bleiben und einen Tumor bilden, wird dadurch erhöht« (Allen, 1983). Bryla, Oncology Nursing Forum, 445.

[79] John Shepard Jr., M. D., Telefoninterview, 27. Januar 2000.

[80] 1. Johannes 4,18 (GNB).

[81] Johannes 8,32.

[82] Richard A. Swenson, M. D., Margin: Restoring Emotional, Physical, Financial and Time Reserves to Overloaded Lives (Colorado Springs: NavPress, 1992), 129.

[83] Cheryl Gochnauer, Telefoninterview, 10. Januar 2000.

[84] Jean Fleming, Finding Focus in a Whirlwind World (Fort Collins, Colo.: Treasure, 1991), 63.

[85] 1. Johannes 4,6.

[86] 1. Johannes 4,16.

[87] Psalm 86,5; 103,8; Daniel 9,18; Lukas 6,36.

[88] 5. Mose 7,6-9; Johannes 1,17; 2. Korinther 12,9.

[89] Jesaja 9,6; 26,3; 54,10; Psalm 29,11; Johannes 14,27.

[90] 2. Korinther 11,3 (L).

[91] Jean Fleming, Finding Focus in a Whirlwind World (Fort Collins, Colo.: Treasure, 1991), 60.

[92] Rick Warren, Kirche mit Vision. Gemeinde, die den Auftrag Gottes lebt (Asslar: Projektion J, 1998).

[93] Römer 12; 1. Korinther 12; Epheser 4; 1. Petrus 4.

[94] Bill Hybels, Bruce Bugbee und Don Cousins, D.I.E.N.S.T. – Dienen im Einklang mit Neigungen, Stärken und Talenten (Wuppertal: R. Brockhaus, 1996).

[95] Fleming, Finding Focus in a Whirlwind World, 40.

[96] Matthäus 26,11.

[97] Matthäus 22,37-40 (Hfa).

[98] 2. Korinther 11,3 (L).

[99] Die Liste stammt aus Epheser 5,2; 1. Johannes 4,11; Römer 12,10; 1. Thessalonicher 4,9; 1. Johannes 3,18; 1. Thessalonicher 3,12; Epheser 4,2; 1. Korinther 16,14; 1. Johannes 4,8 (alle Hfa).

Ulrich Giesekus

# Glaub dich nicht krank

Befreites Christsein leben

124 Seiten, RBtaschenbuch, Bestell-Nr. 220 618,
mit Illustrationen von Jan-Philipp Buchheister

Ein gesunder Glaube tut dem ganzen Menschen gut:

- In einem ausgewogenen Verhältnis von Arbeit und Entspannung leben.

- Auf die Botschaften des Körpers hören.

- Gott vertrauen und mutig Entscheidungen fällen.

- Gefühle nicht zensieren.

- Für andere da sein, ohne sich selbst zu verlieren.

- Lebenssinn finden.

Ist das alles zu schön, um im ganz normalen Alltag eines Christen wahr zu sein? Im Gegenteil! Ein gesunder Glaube ist *die* Chance für ein von Ballast befreites, sinnerfülltes Leben. Dieses Buch hilft bei den entscheidenden Schritten.

Dr. Ulrich Giesekus ist klinischer Psychologe und Studienleiter. Außerdem ist er in der praktischen Seelsorge mit Familien, Paaren und Einzelnen tätig. Er lebt mit seiner Frau und vier Kindern in Freudenstadt.

R. BROCKHAUS VERLAG WUPPERTAL